日本人が知らない「陰謀論」の裏側

米国大統領選挙で変わる
日本と世界の運命

カナダ人ニュース
やまたつ

徳間書店

プロローグ

真実を見抜くため、真の情報リテラシーが求められる世界

インターネットやフェイスブック、ツイッター（現X）のようなＳＮＳが普及したことで、情報の拡散範囲、拡散速度は飛躍を遂げ、情報社会に大きな変化をもたらしました。

私自身、最も恩恵を受けているひとりと言えるでしょう。ツイッターをフル活用して情報収集し、ユーチューブで情報拡散することで、書籍出版や講演会開催という、なかなかできない貴重な経験をすることにつながっています。

ＳＮＳの発展は良い面ばかりではありません。その拡散の速さが仇《あだ》となり、大暴動を引き起こしたのが２０２０年夏のＢＬＭ大暴動でした。

２０２０年5月25日午後8時ころ、ミネソタ州ミネアポリスで白人警察官デレク・ショーヴィンに黒人のジョージ・フロイドが〝殺害〟されたことが発端で、「人種差別反対」を叫ぶ人々が放火・暴行・略奪の限りを尽くす大暴動に発展しました。

このきっかけになったのが、ショーヴィン警察官が〝膝〟をフロイドの首に押し付けたことで窒息したという〝物語〟が、とてつもない速度で拡散されたことでした。

真実は異なります。ジャーナリストのリズ・コリンは裁判資料・捜査資料・元警察官らの証言を基にしたドキュメンタリー『The Fall of Minneapolis』で、煽るだけ煽り、報じない自由を発揮している世界中の無責任メディアの報じない真実を明らかにしています。

箇条書きでまとめると次のとおりです。

●フロイドは薬物売買や暴行などの前科をいくつも持つ犯罪者（聖人かのような報道が目立つ）。
●薬物を口の中に隠していたことが警察のボディカム映像から判明。
●検死結果から、覚せい剤と〝致死量のフェンタニル〟を検出。
●検死結果で、窒息の形跡は認められなかった。
●心臓に持病を抱えていた（遺族側は証拠もなく〝健康体〟と主張）。
●「息ができない」と叫んでいたのは、パトカーに乗せられる〝前〟からで、膝で制圧される〝前〟から叫んでいた。
●別角度の警察ボディカム映像から、ショーヴィンの膝は首ではなく〝背中〟に乗っていた。
●膝を使った制圧行為は〝Maximal Restraint Technique〟（ＭＲＴ）「最大拘束テクニック」と呼ばれる、正式な制圧行為であり、警察マニュアルに記載されている。

●裁判で警察マニュアルの証拠採用は拒否された。

警察の正当な制圧行為を知らない無知な人々が大騒ぎし、コロナ禍で溜まっていた鬱憤も相まっただけでなく、そこに大統領選挙に利用しようとする民主党や左翼団体の政治的意図も乗っかったことで手のつけられないことになっていったのです。

現場にいた警察官4人全員が加害者として有罪判決を受けていますが、真の加害者は大騒ぎをした無知な人々であり、4人の警察官は社会的集団リンチを受けた被害者だったのです。

フロイドの逮捕宣言をした黒人警察官のアレックス・クェンは、刑務所からのインタビューに「アメリカの司法システムは〝モブ・メンタリティ〟(集団・暴徒の精神)に支配されてしまっている。ソーシャルメディア、ニュースメディア、同調圧力が裁判や捜査をコントロールできてしまっている」と答えています。

SNSの発達により、即時に誤った情報が拡散された結果であり、彼らはSNS発達の被害者とも言えます。情報は使い方次第では武器にもなり得るものであり、人々を誘導・煽動・洗脳することも可能なものです。

コロナ禍をきっかけに、〝Conspiracy Theory〟「陰謀論」、〝Disinformation〟〝Misinformation〟「誤情報」、〝Fact-Check〟「ファクトチェック」、〝Expert〟「専門家」などという言葉を耳にする機会が急増したように思えます。

これらは世界中のメディアや政治家、コメンテーターが使っていますが、反対意見を封殺するための道具として使われているのは明白で、大衆に知られたら都合の悪い意見は徹底してレッテル貼り攻撃を受けました。

「ワクチンをみんなが2回打てば、集団免疫だ」➡なりませんでした。

「ワクチンをみんなが3回打てば、集団免疫だ」➡なりませんでした。

「ワクチンは2回打てば完璧だ」➡いま何回目ですか？

「マスクをして、ワクチン4回打って、消毒、自粛して、アクリル板を立てれば完璧だ」➡日本は感染者数世界最高を数週間にわたって維持し続けました。

「ワクチンは安全だ」➡たった3年で、過去45年間の全ワクチン健康被害認定数の〝累計〟をたった1種類のワクチンで超えています。

「コロナを2類から5類にすると、医療崩壊する」➡していないですね。

「この冬はワクチン未接種者の死体の山になる」➡なっておりません。

言い始めたらキリがありませんが、これらの大本営発表に異を唱える言論は「専門家」により、「陰謀論」や「誤情報」として、聞く価値のないものとされました。「陰謀論」という言葉は、アメリカのケネディ大統領暗殺調査をしたウォーレン委員会の見解に沿わないものを、ＣＩＡ（アメリカ中央情報局）が陰謀論扱いすることで、ＣＩＡの関与を隠すために使った言葉と言われることがあります。

実は、陰謀論という言葉自体は、古くは19世紀後半の書籍で使われていました。ケネディ暗殺事件の論破に陰謀論という言葉が使われたことで、「陰謀論とは荒唐無稽なもの」というような印象がついたことは間違いありませんが。

本書では、「陰謀論」という言葉で隠された、２０２０年大統領選挙の真実、１月６日連邦議事堂襲撃事件の真実、バイデン家族の真実を明らかにしていきます。世界の命運を握っている２０２４年アメリカ大統領選挙を前に、これまで主要メディアが目を向けようとしなかったことを総ざらいしていくことで、トランプという男とその支持者（愛国者）たちを、全力で潰しにかかっている左翼に支配されたアメリカの現実を知ることになるはずです。

目次

第2章　1月6日連邦議事堂襲撃事件の真実

第3章　ハンター・バイデンの真実

第2節：司法取引失敗と銃犯罪起訴

第3節：脱税起訴

第4節：ＩＲＳ内部告発者が明かした真実

第4章　バイデン家族の真実

第5章 トランプ復活は可能なのか?

エピローグ

装 丁/ヒキマタカシ(b.o.c)
DTP/キャップス
校 閲/麦秋アートセンター

第1章
2020年 大統領選挙の真実

第1節：トランプ再選を阻んだもの

■2万1500票で決まった世界秩序の崩壊

2021年8月アフガニスタン敗走、2022年2月ロシアのウクライナ侵攻、2023年10月ハマスの奇襲テロ攻撃に始まったイスラエル・ハマス戦争。さらに、ブラジル・ロシア・インド・中国・南アフリカの5カ国だったBRICSが10カ国体制で始動（アルゼンチンは新政権が参加辞退）。

たった数年で世界の風景がガラッと変わっているのは誰の目にも明らかでしょう。そして、その変化は決して良いものではありません。自国の利益を優先することができなければ、生き残ることができず、衰退の一途をたどることになるのです。アルゼンチン、オランダ、イタリア、ドイツ、スペインなどで〝極右〟と呼ばれる政党・候補が勝利、躍進しているのがその証拠です。

ここまで世界が変容したのは、ひとえにアメリカの大統領が変わったからです。

ドナルド・トランプが2016年大統領選挙で勝利したとき、「世界は崩壊する」

「第三次世界大戦の幕開け」「トランプは国民を処刑する」「民主主義の終焉」と、言いたい放題でした。しかし、トランプ政権4年間の世界は平和だった。

一方で、「外交玄人」のジョー・バイデンが大統領に就任したらどうか？

就任半年で、アフガニスタンの20年間を無に帰しました。第3弾書籍『謀略と戦争を仕掛け、敗北するアメリカ』（ビジネス社／以下第3弾書籍）でも紹介しましたが、ハマスがテロ攻撃の計画を始めたのは、このアフガニスタン敗走前後だったよう。つまり、バイデンが現在の世界混乱の諸悪の根源なのです。

２０２０年大統領選挙でバイデンは８１００万票という、米国史上歴代最高得票で勝利したことになっています。本当に８１００万〝人〟が投票したかは知りませんけどね。

一方、トランプ前大統領は約７４００万票で、２０１６年選挙の約６３００万票を大幅に上回る得票でした。

２０２０年選挙結果はトランプ・バイデンの票差が約７００万票もの大差だったわけですが、「選挙人制度」を導入しているアメリカの大統領選挙において、総得票数は〝どうでもいい〟数字です。

選挙人制度とは、全米の総得票数を争うのではなく、50州あるアメリカ各州とワシントンD.C.に配分された538票の「選挙人票」を争う仕組みです。

選挙人票は各州の連邦上院議員と連邦下院議員を足し合わせた数字。連邦上院議員は憲法規定で各州2議席、連邦下院議員は各州の人口に比例して配分されます。ワイオミング州やアラスカ州のような人口の少ない州の下院配分は1議席、最大はカリフォルニア州の52議席です。ワシントンD.C.は州ではないため、連邦上院・下院議員はいませんが、3票の選挙人票が配分されています。メイン州とネブラスカ州を除き、州の勝者が選挙人票を総取りするのが基本で、538票の過半数270票をいかに確保するかの戦略が求められます。

2020年選挙の選挙人票結果は、トランプ232票、バイデン306票。ところが、「スイングステート」と呼ばれる、選挙結果を左右する激戦州のうち、アリゾナ州・ウィスコンシン州・ジョージア州の3州でトランプ勝利だった場合、結果はトランプ269票、バイデン269票。同数の場合、各州1票で連邦下院議員が大統領を選出することになり、共和党は26州で過半数を確保しているため、トランプ勝利になっていたのです。

この勝敗を決めた3州の票差は、アリゾナ州1万0457票、ウィスコンシン州2万0682票、ジョージア州1万1779票差。このうちの半分、つまり約2万1500票がトランプ票だっただけで、今日の世界の混乱はなかったのです。

全体の0・0143％の票により決まったわけで、トランプ共和党支持者が「盗まれた！」と大騒ぎしたのは、当たり前のこと。「多少の不正はあったかもしれないが、結果を左右するようなものではなかった」と、わかっている風の意見が散見されましたが、たったの2万1500票で勝敗が決まっていたこと、さらに「陰謀論」という言葉で隠されていた2020年に起きていたことを知れば知るほど、この発言がトンチンカンな発言であることがわかると思います。

■2020年選挙のアノマリー

2020年選挙は例年の選挙と違い、多くのアノマリー（異常）がありました。「偶然」と言われても、ここまで〝不思議〟なことが連続していると、選挙結果を疑わざるを得ない。代表的なものをいくつか例示します。

①〝Bellwether〟郡のアノマリー

4年に一度の大統領選挙の結果を占う〝Bellwether〟（先導者・指標）として挙げられている19の郡があります。1980年〜2016年までの大統領選挙すべての結果がBellwether郡の結果と一致していたのです。有名なのがインディアナ州ヴィゴ郡で、1908年、1952年を除き、1888年以来、すべての大統領選挙の結果が一致していました。

2020年選挙では、19郡のBellwether郡のうち、18郡でトランプ前大統領が勝利。唯一、ワシントン州クララム郡だけは3ポイント差でバイデン勝利という結果で一致。『エポックタイムズ』は、2000年以降の選挙結果を的中させている新たなBellwether郡が58郡あるとも指摘し、トランプ前大統領が58郡中51郡で平均15ポイント差以上をつけ、バイデンに勝利していました。

②連邦下院議員選挙結果のアノマリー

「大統領選挙」と呼ばれますが、アメリカでは一度に多くの選挙の投票をします。連邦下院議員・上院議員、州議会議員、地方検察官など。

２０２０年選挙で共和党は、連邦下院議員を12議席増やしていましたが、大統領選挙の結果は、共和党候補のトランプ敗北ということになっています。

現職大統領が敗北しながら、所属政党が下院議席を伸ばすのは近年では１９９２年大統領選挙でしか確認されていません。

このとき、共和党ジョージH・W・ブッシュ大統領が、民主党ビル・クリントン候補に敗北したのですが、共和党は９議席増やしていました。

ただ、この選挙は普段の共和党vs民主党の対決ではなく、無所属で出馬していたロス・ペロー候補の勢いが凄まじかった三つ巴の構図でした。

つまり、特殊条件下の選挙だったため、２０２０年選挙結果は不審と思えます。

『ニューヨークタイムズ』や選挙情報サイト『The Cook Political Report』は、27議席を〝Toss-up〟（五分五分）の激戦選挙区としていましたが、すべてで共和党候補が勝利しています。

③予備選挙のアノマリー

アメリカの選挙は２段階式になっていて、本選挙の前に「予備選挙」があります。

変則的なルールの州も一部ありますが、予備選挙は政党内の候補者を決める選挙です。

予備選挙の投票数は、有権者が選挙にどれだけ興味・関心をもっているかの「熱狂度」を示す指標として見られています。

政治アナリスト兼作家のデービッド・チャプマンによると、予備選挙で75%以上の得票率だった現職候補が負けたことは過去に一度もありません。

トランプ前大統領は予備選挙で94%の得票率、歴代大統領で4番目に高い得票率でした。

1912年以降、90%以上の予備選挙得票率だった現職大統領はトランプ前大統領で5人目。それだけでなく、予備選挙史上最多の得票数を大幅に更新していて、現職大統領が予備選挙で得た最多得票数はビル・クリントン大統領の約970万票で、トランプ前大統領はその倍近い1810万票でした。

このように、歴史を塗り替えるような結果を出していたにもかかわらず、ロクに選挙活動をせず、地下室に隠れていた、何を言っているのかどこにいるのかわかっていない、階段でコケまくる老人が、8100万票という米国史上最多得票で勝利をしたのです。信じられますか？

バイデンは選挙で選ばれたので、バイデンを選んだのはアメリカ国民と思われるかもしれません。大きな間違いです。

残念ながら、あの手この手を使い、民意を反映させず、ある特定の人々・勢力が望むバイデンが選ばれていたのです。

世界が注目する大統領選挙の裏側で繰り広げられている工作活動の実態を知れば、トランプ前大統領とその支持者たちが、いかに巨悪と戦っていたのかを知ることになるでしょう。

■メディアとビッグテックの情報隠蔽（ハンターパソコン）

「2020年大統領選挙結果を決めたものをひとつだけあげろ」と聞かれたら、迷わず「ハンター・バイデンのパソコン大規模検閲」と答えます。

デラウェア州のパソコン修理店に、バイデンの息子ハンター自らが水没したパソコンを持ち込んだことから話は始まりますが、ハンターパソコンが世に出回った詳しい経緯は第1弾書籍『左翼リベラルに破壊され続けるアメリカの現実』（徳間書店／以下第1弾書籍）の第6章をご覧ください。

ハンターのパソコンデータはトランプ前大統領の顧問弁護士ルディ・ジュリアーニに渡り、その後、『ニューヨーク・ポスト』に渡されたのでした。

2020年10月14日、『ニューヨーク・ポスト』は〝Smoking-gun email reveals how Hunter Biden introduced Ukrainian businessman to VP dad.〟（動かぬ証拠 ハンター・バイデンがウクライナの実業家を副大統領の父に紹介した経緯を暴露するメール）で、ハンターのパソコンに残されていたメールや書類を基にした報道をします。ウクライナのガス企業ブリスマ高官とのやりとりで、副大統領時代のバイデンが、ハンターとブリスマ高官とワシントンD.C.で会っていたことや、ブリスマが「バイデン」という名前（＝影響力）に期待していたことが明らかにされたのです。

トランプ前大統領の1回目の弾劾裁判の理由は、ウクライナのゼレンスキー大統領に「バイデンの捜査をしろ！」と圧力をかけたことが問題視されたことでしたが、トランプ前大統領の指摘は正しく、バイデンの「息子のビジネスのことは一切知らない」というのが大嘘であることを証明する重要な証拠報道でした。

翌15日には、〝Emails reveal how Hunter Biden tried to cash in big on behalf of family with Chinese firm.〃（ハンター・バイデンが家族のため、中国企業で大金を手にしようとしたことがメールで明らかに）で、中国企業『ＣＥＦＣ』との取引で、バイデンが10％の利益を得ることができる構図になっていて、「ビッグガイ」と呼ばれていたことなどが明らかにされました。

大統領選挙直前のことで、選挙に影響を与える「オクトーバーサプライズ」になることは確実でした。

ところが、この報道は「陰謀論」としてかき消されてしまいます。

動いた勢力は３つ。バイデン陣営、検閲産業複合体、そしてＦＢＩです。

①バイデン陣営の動き

メールという動かぬ証拠を突き付けられたバイデン陣営は大パニックに陥っていました。

このとき、大統領選挙候補者討論会が間近に迫り、トランプ前大統領からの追及は避けられないという絶体絶命。そこでバイデン陣営は、ハンターパソコンそのものを「ロシアの工作活動」ということにし、動かぬ証拠は「ロシアに捏造されたものである」としようとしたのです。

ロシアにこだわる理由は、2016年選挙でも民主党は同様の手口を使っていて、「トランプはプーチンと結託している」という通称ロシア疑惑と呼ばれる〝大嘘物語〟をでっち上げるのに億単位の資金を投入し、そこにFBIを絡ませることで、トランプ潰しを大統領選挙前〜就任後まで続けていたからです。民主党とトランプ嫌いの主流メディアは「トランプ＝ロシア」という物語をつくりあげ、思考停止でテレビだけを見ている人々の洗脳に成功していて、それを活用したのです。

当時バイデン大統領選挙キャンペーンの外交政策担当だったブリンケン現国務長官は10月17日、マイケル・モレル元CIA長官代行に電話し、ハンターパソコン報道の火消しをするための協力要請をします。「CIA長官ポストに名前が挙がっている」とモレルを唆《そそのか》し、モレルが知る諜報機関高官経験者に片っ端から連絡させたのです。

その結果できあがったのが、10月19日『ポリティコ』の〝Hunter Biden story is Russian disinfo, dozens of former intel officials say.〟（ハンター・バイデンの話はロシアの偽情報と数十人の元情報当局者が語る）で、51人の元諜報機関高官と9名の匿名の諜報機関職員、合わせて60人の「ロシアのお手本のような工作活動」という共同声明が引用され、ハンターのパソコンは偽物であり、トランプ勝利を望むロシアによる工作活動であると報じることに繋がったのです。元CIA長官、国家情報局長官、NSA長官、国防長官、国防情報局長官、国家対テロ対策室長官など、アメリカの諜報機関をまとめ上げていた有力者の言葉を人々は信じてしまいました。

バイデンは10月22日の大統領候補者討論会で、『ポリティコ』の記事を引用し、「ハンターパソコン報道は陰謀論」という誤った認識が拡散されることになったのでした。バイデン陣営による工作活動が成功したのです。

②検閲産業複合体

インターネットの発達により、現代は超情報社会になっていて、あらゆる情報が高速で広範囲に広がるようになりました。

ツイッター（現X）、フェイスブック、グーグルなど、現代の言論空間・主要情報拡散媒体の役割を担うプラットフォームは、この超情報社会の基盤です。

ビッグテック職員の政治献金の履歴をみると、90％以上が民主党に寄付していて、その政治バイアスはプラットフォームに投稿される内容の制限・検閲に現れていて、バイデン民主党応援団と言えます。

２０２２年12月以降、「Twitter Files」、検閲裁判、政府武器化委員会により、「検閲産業複合体」が形成されていたことが明らかにされました。

検閲産業複合体とは、ジャーナリストのマット・タイービ、マイケル・シェレンバーガーが名付けた政府・民間企業、民間団体により構築された検閲構造です。ドワイト・アイゼンハワー大統領が退任演説で使った「軍産複合体」になぞらえた名称です。

政府機関は国務省傘下のＧＥＣ（Global Engagement Center）、国土安全保障省傘下のＣＩＳＡ（Cybersecurity and Infrastructure Security Agency）、司法省傘下のＦＢＩ、国防総省、ＣＩＡ、ホワイトハウスなどで、これらの政府機関が業務委託というかたちで、大学研究機関や非政府組織などに資金を出し、検閲圧力をかけさせ、時には政府機関が直接検閲要求をしていたのです。完全にアメリカ合衆国憲法修正第1条に違反する行為ですが、「誤情報から国民を守る」という大義名分で、コロナに関して大本営発表と異なる主張、選挙不正疑惑などが厳しく取り締まられていました。

言論統制を国家が主導して行うという共産主義国家のようなことが白日の下に晒されたのは、２０２２年12月でした。

２０２２年にイーロン・マスクがツイッターを買収した後、内部文書を先述のジャーナリストらにアクセスできるようにしたことで、12月から連日公開されたのが「Twitter Files」（ツイッター・ファイル）です。

トランプ大統領のアカウント凍結の内幕、ハンターパソコン検閲の裏側、まるでヤクザのような民主党上院・下院議員による圧力にツイッターが屈していく様子、やがて検閲産業複合体の一部として率先して動いていく詳細が明らかにされました。

さらに、ミズーリ州、ルイジアナ州の司法長官らが主導してビッグテックや連邦政府機関に対して裁判を起こし、政府関係者を法廷に引きずり出し、検閲の実態を洗いざらい吐かせています。

２０２３年に共和党が過半数をおさえた連邦下院議会が始動し、下院司法委員会に「政府武器化委員会」が設置されました。バイデン政権発足直後から、司法省と傘下の捜査機関ＦＢＩを中心にした「司法の武器化」が問題視され、実態を追及するための特別委員会です。

検閲裁判と同様に、政府機関やビッグテック、民間団体から強制的に内部資料を提出させ、参考人を召喚することで、中国の独裁者習近平や北の将軍金正恩もびっくりの、とんでもないアメリカ国民弾圧行為をしていたことを明らかにしています。

検閲産業複合体の実態は本1冊分の内容になってしまうため、詳細はここでは割愛しますが、オバマ政権時に蒔かれた種だったことは付け加えておきます。

さて、2020年大統領選挙はコロナ禍でもあり、「誤情報」という言葉が蔓延していました。本当の誤情報もありましたが、ほとんどが、ある一定の人々が気に食わない意見が誤情報として検閲されていました。

大統領選挙に関しては、選挙不正は存在しないことにされ、選挙不正を指摘する主張は誤情報扱い。先述のとおり、基本的にビッグテックは民主党支持ですので、自然と共和党トランプ陣営の主張は誤情報とされ、数多くの〝センモンカ〟様が反トランプメディアで「投票機器は完全無欠！」「郵送投票は完璧なシステム！」「選挙に不正は存在しない！」と選挙前から宣伝していました。

これらのセンモンカによる〝ファクトチェック〟により、トランプ共和党陣営の主張はことごとく誤情報や陰謀論扱いされることになり、選挙結果を左右したであろうハンターパソコンの報道は闇に葬り去られたのでした。

③FBI

ＦＢＩサンフランシスコ支部の主任特別捜査官エルヴィス・チャンは、２０２２年11月29日に検閲裁判に召喚され、宣誓供述をしています。

チャンはＦＢＩ海外影響力対策タスクフォースのメンバーであり、国土安全保障省傘下のＣＩＳＡとともに、ビッグテックと定期的に選挙に関するミーティングを行っていました。ミーティングの頻度は３カ月に一回だったのが、やがて毎週行うまでになっています。

ツイッターはハンターパソコンの報道を「プライバシーポリシー違反」と「ハッキングポリシー違反」として『ニューヨーク・ポスト』のアカウント凍結やハンターパソコン報道を拡散する投稿を制限し、フェイスブックは拡散する機能を著しく制限しました。

選挙結果を左右した一大イベントの直前、ビッグテックはミーティングでＦＢＩから、ハンターパソコンの報道が出ることを知っていたかのようなロシアの工作活動の警告を受けていました。

タイムラインを整理すると、ＦＢＩを疑わざるを得ないことがわかります。

ＦＢＩは２０１９年11月時点で、ハンターパソコンは本物であることを確認し、12

ハンターパソコンとＦＢＩのタイムライン

2019年４月12日	パソコン修理店にパソコンが持ち込まれる。
11月６日	FBIはパソコンのシリアルナンバーとハンターのマックID、iCloudアカウントが合致することを確認（＝ハンターパソコンを本物と確認）。
12月９日	FBIが正式にハンターパソコンを押収。
2020年２月～８月	マックアイザックは複数の共和党議員にハンターパソコンのコピーを渡そうとするが、相手にしてもらえなかった。
８月29日	トランプ前大統領の顧問弁護士ジュリアーニの側近ボブ・コステロにハンターパソコンのコピーを渡すことに成功する。
９月30日	『ニューヨーク・ポスト』の記者が、ハンターパソコンのデータを受け取る。
10月７日	FBIがミーティングで、ツイッターやフェイスブックなどのSNS企業に、「ハッキング・流出の懸念」があることを伝える。※このミーティングでは具体的に「10月のどこかのタイミング」「政治キャンペーンの誰かが入手する情報」「ハンター・バイデンと関係するものという噂」ということが伝えられていた。
10月14日	『ニューヨーク・ポスト』のハンターパソコン報道。
10月19日	『ポリティコ』の「ハンターパソコンはロシアの工作」報道。
11月３日	大統領選挙投票日

月には実物を手にしていたのです。
事前の警告も、いくらなんでも不自然すぎるほどドンピシャです。
「10月のどこかのタイミング」➡10月14日に第一報
「政治キャンペーンの誰かが入手する情報」➡ジュリアーニ＝トランプ陣営
「ハンター・バイデンと関係するものという噂」➡ハンターのパソコン
優秀な人材が集まる世界最高峰の捜査機関だからこそできた予測なのかもしれませんが……。
２０２３年7月17日、下院司法委員会は海外影響力対策タスクフォース責任者のローラ・デムローを委員会に召喚し、宣誓供述させています。
『ニューヨーク・ポスト』のハンターパソコン報道があった２０２０年10月14日は、ＦＢＩとツイッターの二者ミーティングが予定されていた。デムローの証言によると、ツイッターの参加者から「ハンターパソコンは本物か？」という問いがあったとのこと。これに対し、ＦＢＩ側のひとりが「本物だ」と回答したというのです。
この直後、別のＦＢＩ捜査官が割って入り、「これ以上は〝ノーコメント〟だ」として、話を切り上げたのです。

ツイッターのミーティング終了後、ＦＢＩ内部で今後の問い合わせ対応が協議され、ノーコメントを貫くことが決められました。

その後、フェイスブックとのミーティングがあり、そこでも同様の質問がありましたが「ノーコメント」という回答をしたということでした。

司法委員会の「当時、海外影響力対策タスクフォースの中で、ハンターパソコンが本物であると知っていたのは誰か?」という問いに、「海外影響力対策タスクフォース責任者ブラッド・ベナヴィデスとロシア部門責任者は知っていた」とも回答しています。

民主党や主流メディアはこぞって「ロシアの工作」「誤情報」「陰謀論」と大騒ぎしていましたが、彼らの言っていることこそが工作であり、誤情報であり、陰謀論だったのです。ＦＢＩはそのことを知りつつ、それらの誤情報を取り締まらず、〝あえて〟放置していた。

さらに、２０２０年10月23日には、バイデン家族と中国『ＣＥＦＣ』との取引に参加していたトニー・ボブリンスキーが、バイデン家族とのやりとりが残された３台のスマホをＦＢＩに提供。ＦＢＩが事情聴取した内容がまとめられた13ページのＦＤ－302報告書には「ボブリンスキーは『ニューヨークポスト』の報じた、ハンターパソコンに残されていたメールは妥当なものであると判断している。なぜなら、ボブリンスキー本人の通信機器に同じ内容のものがあるからだ」と報告されていたのです。

あのとき、ＦＢＩが「ロシアの工作ではない」と声明を発表していれば、現在とは違う世界情勢になっていたでしょう。

■ミシガン州知事誘拐未遂事件

２０２０年選挙のＦＢＩ選挙影響力工作で見過ごせないものが、ミシガン州知事誘拐未遂事件です。

２０２０年10月８日、すでに全米各地で期日前投票が始まっている中、ミリシアグループ（民兵組織）「ウルバリン・ウォッチメン」のメンバー13人が、民主党のミシガン州知事グレッチェン・ウィットマーを誘拐しようとしたとして逮捕されたニュースが世界中を駆け巡りました（その後もうひとりが逮捕され、合計14人）。

ミリシアグループにはトランプ前大統領を支持する人が多くいることから、トランプヘイトメディアによる、トランプ前大統領攻撃ネタになったこの大事件。FBIによる「おとり捜査」が成功した例とされていますが、FBIの行動をみると、「おとり」を超えた「罠」にしか見えないものです。

『バズフィードニュース』〝WATCHING THE WATCHMEN〟（2021年7月21日）や、裁判の中で、少なくとも12人のFBI覆面捜査官、内通者がいたことが明かされたのです。

たとえば、誘拐計画主要人物のひとりがスティーブ・ロブソン。「3パーセンターズ」という、ミリシア組織のウィスコンシン州支部を設立した人物でもあります。ロブソンは2020年6月にオハイオ州でミリシア組織を集めた集会を主催。ここで、誘拐計画に関与した人々を集めたのですが、この会場でロブソンはFBIと接触し、盗聴器を受け取っていました。

つまり、集会自体がFBIにより仕組まれたものの可能性があるのです。FBIを含め、アメリカ捜査機関は「オペレーション〝ゴールドスナップ〟」という作戦で、過激派の取り締まりをしていて、この誘拐未遂事件もその一環でした。

詐欺・暴行・未成年者性的暴行などで８州で犯罪者履歴があるロブソンは、ＦＢＩから報酬２万ドルを受け取り、誘拐未遂事件を計画していたのです。誘拐に向けた訓練計画・実施、グループチャットの中で暴力の煽動をする投稿もしていました。

これらはすべてＦＢＩの管理下で行われていたことだったのです。

別の主要人物で、「ダン」と呼ばれていた男は、６・４万ドルの現金、パソコン、スマートウォッチ、車のタイヤなどの報酬と引き換えに、グループを監視・誘導していました。

ダンが５人のメンバーと６０００発の銃弾をウィスコンシン州の訓練場所まで運んだときのレンタカー、燃料、食糧などの滞在費、すべてＦＢＩが出しています。

ＦＢＩ覆面捜査官でコードネーム「レッド」を爆発物の専門家としてグループに入れたのもダン、コードネーム「マーク」のふたり目のＦＢＩ覆面捜査官を迎え入れたのもダンでした。

逮捕されたとき、３台の車に分かれていましたが、そのすべてにＦＢＩ覆面捜査官や内通者が同乗していて、運転手はＦＢＩ内通者でした。

何から何まで、ＦＢＩが背後で動いていたのです。計画を立てたのはＦＢＩ内通者で、指示はＦＢＩが出していた。計画に賛同する人集めをしたのもＦＢＩ内通者。爆発物の専門家としてグループに来たのはＦＢＩ覆面捜査官。運転手もセキュリティ担当もＦＢＩ内通者。計画のための現場写真を送ったのもＦＢＩ捜査官。ウィットマー州知事の敷地内に事前にカメラの設置をしていることから、州知事は計画を把握していたはずです。

大量のＦＢＩ関係者がいたことが明らかにされたのは大統領選挙が終わってから。逮捕された人々のその後ですが、14人中、４人は司法取引に応じ、５人は無罪評決を勝ち取ることができています。一方で、５人は有罪評決を受け、禁錮７年～20年が言い渡されています。

有罪評決を受けた裁判も滅茶苦茶なものがあり、重要参考人であるＦＢＩ内通者のロブソンを「二重スパイの可能性がある」という理由で検察が裁判で証言させず、ほかにも弁護側の証人尋問の時間を著しく制限するなど、あからさまに２０２２年11月８日の中間選挙に間に合わせようとしている裁判もあるなど、ひどいものでした。

また、この捜査を担当していたＦＢＩ捜査官３人がそれぞれ、妻に対する暴行、副業で職権濫用、別件で偽証罪に問われるという理由で解雇されています。

ＦＢＩの国内テロ犯罪取り締まりは、おとり捜査が定石ですが、大統領選挙直前に起きたミシガン州知事誘拐未遂事件は、はたしておとり捜査と呼べるものだったのでしょうか。

この事件は英語では〝Fednapping〟という言葉で表現されています。ＦＢＩのような政府組織の〝Fed〟、それと誘拐の〝Kidnap〟を合わせた、ＦＢＩによって仕組まれたことを表す造語ですが、私はこの事件は〝Fednapping〟だったと思っています。

■大企業による買収工作

ハンターパソコンの出現や、ミシガン州知事誘拐未遂事件発生は、一部の政府と関係のあった企業を除き、予期されたものではありませんでした。

反トランプ勢力はこれらの重要イベントが起きる前から、トランプ降ろしを画策していました。

詳細は第１弾書籍の第４章で紹介していますので、ここでは大枠だけ言及します。

『タイム』誌は2021年2月4日、〝The Secret History of the Shadow Campaign That Saved the 2020 Election〟（2020年選挙を救った影のキャンペーン秘話）で、2019年秋からトランプ降ろしのため、民主党活動家や大企業のトップたちが暗躍していたことが明かされています。

最も注目を集めたのが、メタ（旧フェイスブック）CEOのマーク・ザッカーバーグです。CTCLやCEIRと呼ばれる団体に、4・19億ドルもの大金を投じ、激戦州の郵送投票の推進や違法なドロップボックス（郵送投票用の投票箱）の大量設置などに使われました。

『ビル・メリンダゲイツ財団』『ロックフェラー財団』や『フォード財団』など、名だたる有名団体が総額16億ドルを『Arabella Advisors』という団体に寄付を集約し、そこから4つの団体を通じて民主党系団体にばら撒かれている通称「ダークマネー」という巨大企業や団体による巨額の民主党支援もあります。

カネにものを言わせての買収工作に等しく、「民主主義のために」という建前からかけ離れた行為が横行しているのです。

■徹底した情報工作

心理学者のロバート・エプスタインは、ビッグテックが心理学を利用した影響力工作をしていることを指摘しています。

「エフェメラル体験」を利用し、民主党に有利になるようにしているというのです。エフェメラル体験の直訳は「短命の経験」で、自動再生動画や広告など非常に短時間で人々の思考・判断に影響を与える可能性があり、瞬時に消えるため追跡不能なコンテンツを使った手法です。

エプスタインは２０２０年選挙に１７３５人の調査員を全米に配置、１５０万回のエフェメラル体験を感知し、推計で６００万票がバイデン票に移った可能性があるといいます。スイングステートのグーグル検索で「ハイレベルなリベラルバイアス」が発見され、マイクロソフト社のBing検索では感知されなかったとのこと。

グーグル検索を使うとき、〝Google〟というロゴがその日に合わせた特別な絵に変わりますが、２０２０年10月26日～29日にかけて、スイングステートのアリゾナ・フロリダ・ノースカロライナ州で733人の調査員を使って調べた結果、「投票に行こう」という表示が出たのはリベラル思想（＝民主党支持）の調査員だけでした。

グーグルは私たちの個人登録情報・検索履歴などを参考に、最適と思われる広告表示をしています。たとえば私の場合、日本に一時帰国するための航空券を調べていると、表示される広告は航空会社や旅に関するものが増えます。また、タッカー・カールソンの新番組や保守系メディア『デイリー・ワイヤー』の宣伝、カナダ保守党の宣伝も表示されていて、政治思想に合致したものが表示されるようになっています。

（※ユーチューブは動画の作成者が広告を設置する〝場所〟は指定できますが、広告の〝種類〟を選ぶことはできません。みなさんのグーグルアカウントと検索履歴に応じて、自動判断されています）

2022年3月31日にノースカロライナ州大学が発表した研究によると、2020年選挙で共和党と民主党が配信したメールを、Gメールが自動的にスパム（迷惑メール）に振り分ける率が民主党のメールは8・2％なのに対し、共和党のメールは67・6％という、信じられないほど高い確率でスパムメール扱いされるようにされていたことが明らかにされています。

『Media Research Center』が２０２０年10月27日に明らかにした3大ネットワーク（ＡＢＣ・ＣＢＳ・ＮＢＣ）の7月29日～10月20日の間のトランプとバイデン報道の内容を比較したところ、トランプ大統領に関する報道が８３９分に対し、バイデンが２６９分。内容を比較すると、トランプ大統領に関するコメントは7・６％がポジティブな内容で、92・４％がネガティブな内容。バイデンはポジティブな内容が66％に対し、ネガティブ内容が34％にとどまっていました。

『Pew Research Center』は２０１7年10月2日にビル・クリントンからトランプまでの歴代大統領の就任60日間の報道内容を分析した結果を報告。

トランプ、オバマ、ブッシュ、クリントンの順に比率を並べてみます。

ポジティブ報道	トランプ5％	オバマ42％	ブッシュ22％	クリントン27％
ネガティブ報道	トランプ62％	オバマ20％	ブッシュ28％	クリントン28％

なんとなく主要メディアはトランプ前大統領の悪口ばかり言っているイメージがあったと思いますが、まさにそのとおり。左翼勢力は民主党を勝たせるため、あらゆる

手段を使い、影響力工作をしているのです。

■『ActBlue』（アクトブルー）

2004年に設立されたオンライン政治資金収集サイト『ActBlue』（アクトブルー）という、民主党のイメージカラーである青色が由来の政治資金団体があります。集めた資金を民主党候補者や民主党団体に振り分けたり、民主党候補の政治資金収集プラットフォームなどを提供する「民主党選挙資金収集マシーン」です。

同じような団体は共和党にもあり、共和党のイメージカラー赤色に因《ちな》んだ名前の『WinRed』（ウィンレッド）です。

『ActBlue』は2024年1月時点で、128億ドルもの政治資金を集めているのですが、これらの中に海外勢力からの資金の受け取りのような違法政治献金疑惑があり、2023年4月11日にマルコ・ルビオ連邦上院議員、10月31日には下院議会運営委員会が『ActBlue』にレターを出し、調査に乗り出しています。

議会が動いた発端は、2023年3月28日に元『プロジェクト・ヴェリタス』創設者で覆面取材を得意とするジェームズ・オキーフの報道でした。アメリカは連邦選挙委員会のホームページで、誰でも、どのような人がどこに寄付したかを知ることができます。

オキーフは保守系メディア『Gateway Pundit』が分析したデータを基に、不審な寄付をしていた記録のある人物のもとを実際に訪れ、取材をしたところ、すべての人が口を揃えて「身に覚えがない」と回答したのです。

実はこれよりも2年半前に、保守系団体『Take Back Action Fund』は、連邦選挙委員会の持つデータを分析し、不審点を指摘していました。『ActBlue』のほか、『WinRed』、トランプキャンペーン、バイデンキャンペーンの2019年～2020年8月の収集した資金を分析比較。

2019年の寄付は、『ActBlue』は約985万件の寄付で約8・9億ドル、バイデンキャンペーンは約123万件の寄付で約1・6億ドル、『WinRed』は約488万件の寄付で約3億ドル、トランプキャンペーンは約92万件の寄付で8200万ドルを集めました。民主党の方が圧倒的に金額も回数も多いことがわかります。

注目したいのが、寄付者の雇用状況です。寄付金額ベースだと『ActBlue』の寄付者の39％は仕事がありません。多くの場合、定年退職している高齢者です。寄付回数で見ると複数回寄付者の48・4％が無職。バイデン陣営も金額では33・7％が無職で、複数回寄付者にいたっては49・6％とほぼ半数が無職です。一方の共和党団体、トランプキャンペーンは2・6％～5・7％と、概《おおむ》ねアメリカの失業率と一致する数字でした。

オキーフの報道では、実際に分析した個人データが明らかにされています。たとえば、ミズーリ州在住のスティーヴンさんのケースを紹介します。

スティーヴンさんの連邦選挙委員会のデータを確認すると、2年間で1万4111回の寄付をしていました。総額は18万ドルを超えます。もうこの時点で意味不明なのがわかるでしょうか。2年間、毎日19回の寄付をしていたということです。しかも無職にもかかわらず、18万ドルもの大金です。

スティーヴンさんのデータでは、『ActBlue』以外に、7州の連邦上院議員民主党候補のキャンペーンに寄付していて、一度の金額は5ドル～20ドル程度。

主に無職の高齢者が、少額を何度も何度も、民主党団体に繰り返し寄付していたのが大量に見つかり、オキーフが突撃取材したところ、「知らない」と言うのです。

この不審な寄付の正体は「ストロードネーション」を使った手口だと思われています。ストロードネーションとは、外国人のように本来寄付をすることができない人や、寄付限度額に達した人が、寄付資格のある人物に資金を渡すなり、後に弁済するなりして、代理で寄付させる手法です。

オキーフの取材に対する被害者と思われる人物たちの反応を見るに、『ActBlue』のケースは、アメリカ人で民主党に寄付経験のある人の個人情報を連邦選挙委員会のデータベースから入手、それを勝手に使用しているのだと思われます。

金額が５ドル～20ドル程度の理由は、少額にすることで、不審な決済だと感知されないようにするためでしょう。

『ActBlue』は共和党の『WinRed』と違い、ＣＶＶ（クレジットカードなどの裏にある３ケタの番号）が不要であり、追跡が不可能なプリペイドカードやギフトカードを使用した寄付を受けつけています。

『ワシントン・ポスト』は２００８年10月29日に「違法な寄付を可能にしている」と指摘していました。問題が発覚したきっかけはミズーリ州に住む元保険会社のマネージャーをしていたメアリー・ビショップが、オバマキャンペーンに17万４８００ドルの寄付をしていたことが連邦選挙委員会のデータで示されていましたが、ビショップは一度もオバマキャンペーンに寄付したことはなかったのです。

クレジットカードが不正利用された記録もないため、何者かがビショップの個人情報を使い、プリペイドカード等で支払っていた可能性を『ワシントン・ポスト』が指摘していたのです。

調査をしてみると、オバマキャンペーンに明らかな偽名による寄付があったことが発覚しました。オバマキャンペーンは取材に対し「寄付者と支払いに使用されたカードが同一人物かの認証はない」と、不正寄付の可能性を否定していません。

オキーフの報道によると、寄付の60％が中国由来のカネの可能性があり、「トランプがロシア・プーチンと結託している」と２０１６年から大嘘をつきまくっていた民主党こそが、海外勢力と結託している可能性があります。

『ActBlue』は手数料で3・95％を中抜きしています。海外資金のマネーロンダリング（資金洗浄）のスキームにも見えてきますね。

あれから10年以上経過しても解決されないままですが、２０２４年の選挙に間に合うのでしょうか。

第2節：「陰謀論」ではなかった選挙問題・不正・犯罪

■世界で最も低レベルなアメリカの選挙

アメリカの選挙は世界で最も影響力があり、世界で最も注目され、世界で最も大金が動き、世界で最も低レベルでしょう。

低レベルにしている理由が投票機器です。

毎回毎回、必ず何かしらの〝不具合〟が発生します。それが意図的なのか、それとも偶然なのかはわかりません。

投票した結果は機械の中にデータとして入っていますが、そのデータが正確かどうかを調べる術《すべ》は、紙の投票用紙の数を数え、一致しているかどうかを調べることしかありません。

「だったら、最初から紙の投票用紙を手で数えればいいだろ」と思ってしまいます。

一部の投票機器では、完全ペーパーレスで、投票先を機械で選び、投票用紙が一切使われないものもあります。こうなると答え合わせは不可能です。選挙は民主主義の根幹をなすものとされていますが、それを保証する術すらないシステムが導入されているところがあるのです。

■180度変わった投票機器をめぐる議論

「アメリカの有権者の43％が、バックドアを含む重大なセキュリティ上の欠陥があることを研究者が発見した投票機器を使用している。これらの企業は誰に対しても責任を負わない。サイバーセキュリティに関する基本的な質問には答えず、最大手企業はまったく答えない。5つの州には紙の投票用紙がなく、投票機が出した数字が正当なものであることを証明する方法がないことを意味している。（中略）投票機器の最大の販売業者は、法に違反することを行っており、遠隔アクセスソフトをインストールするよう指示している」

これは2018年3月21日の上院諜報委員会で〝民主党〟ロン・ワイデン連邦上院

議員による発言です。

「投票機器の会社がたった3社しかないことをとても心配している。簡単にハッキングできてしまう。これでは、すべての州がそれぞれ違うことをやっているように見えるが、実際は3つの会社が選挙をコントロールしているのだ」

これは2020年3月HBOが公開したドキュメンタリー〝Kill Chain: The Cyber War on America's Elections｜Voting Machine Vulnerabilities〟（キル・チェーン：アメリカの選挙をめぐるサイバー戦争―投票機の脆弱性）の〝民主党〟連邦上院議員エイミー・クロブチャーの発言です。

2020年大統領選挙で注目されたのが投票機器をめぐる疑惑でした。「ドミニオン」という社名をよく耳にしたのではないでしょうか。ほかにも「ES&S」社や「Hart InterCivic」社製の投票機器が使われています。

投票機器に疑いの目を向けると「陰謀論者」と言われてしまいますが、実は2020年選挙までは、民主党も主流メディアもみんな「投票機器は危険」と言い続けていたのです。

KanekoaTheGreatという名前で活動するジャーナリストは、２００４年以降の主流メディアの投票機器に関する報道をまとめています。

次ページの表をご覧いただけるとわかりますが、少なくとも１１０本の記事があります。『ニューヨーク・タイムズ』『ＣＮＮ』『サロン』『ポリティコ』『ワシントン・ポスト』など、トランプ前大統領の悪口ばかり言っているメディアが多くあります。トランプサポートメディア、たとえば『Just the News』『エポックタイムズ』『ブライトバート』などのすべてのメディアを含めれば、４ケタの数はあるでしょう。

２０２２年6月３日、国土安全保障省傘下のサイバーセキュリティ・インフラストラクチャー安全保障庁（ＣＩＳＡ）は、投票機器に欠陥があることを認め、警告を発しています。投票結果の改竄の危険性など、９つの問題点を指摘、改善するように呼びかけたのです。

この警告に使われた96ページの報告書は２０２３年6月14日に裁判所命令で公開されましたが、ジョージア州州務長官ブラッド・ラッフェンスパーガーは「２０２４年大統領選挙が終わるまで、機器のアップデートはしない」と発表しています。

主要メディアの投票機器に関する報道

NYT: How to Hack an Election (Jan. 31, 2004)
CNN: The trouble with e-voting (Aug. 30, 2004)
Princeton: Security Analysis of the Diebold Accuvote-TS Voting Machine (Sept. 13, 2006)
TechReview: How to Hack an Election in One Minute (Sept. 18, 2006)
CNN: Dobbs: Voting Machines Put U.S. Democracy At Risk (Sept. 21, 2006)
HBO: Hacking Democracy (Nov. 2, 2006)
Salon: Hacking Democracy (Nov. 2, 2006)
NYT: Scientists' Tests Hack Into Electronic Voting Machines in California and Elsewhere (July 28, 2007)
Wired: Whistleblower: Voting Machine Company Lied to Election Officials About Reliability of Machines (March 27, 2008)
CNN: Computerized Systems Also Vulnerable To Hacking (Oct. 30, 2008)
Wired: ES&S Voting Machines Can Be Maliciously Calibrated to Favor Specific Candidates (Nov. 3, 2008)
CNN: Hacking Your Vote (Oct. 27, 2010)
TechReview: How Long Before Hackers Steal Votes? (March 18, 2011)
NBC: It only takes $26 to hack a voting machine (Sept. 28, 2011)
PBS: Internet Voting: Will Democracy or Hackers Win? (Feb. 16, 2012)
WSJ: Will The Next Election Be Hacked? (Aug. 17, 2012)
PopSci: How I Hacked An Electronic Voting Machine (Nov. 5, 2012)
Verge: Feed the machine: America's stumble through a decade of electronic voting (Nov. 6, 2012)
BrennanCenter: America's Voting Machines At Risk (Sept. 15, 2014)
Guardian: Voting machine password hacks as easy as 'abcde' (April 15, 2015)
NYT: Millions of Voter Records Posted, and Some Fear Hacker Field Day (Dec. 30, 2015)
Politico: More than 20 states have faced major election hacking attempts, DHS says (Sept. 30, 2016)
Wired: America's Electronic Voting Machines Are Scarily Easy Targets (Aug. 2, 2016)
Politico: How to Hack an Election in 7 Minutes (Aug. 5, 2016)
LawfareBlog: Secure the Vote Today (Aug. 8, 2016)
CNN: Just How Secure Are Electronic Voting Machines? (Aug. 9, 2016)
CBS: Hacker demonstrates how voting machines can be compromised (Aug. 10, 2016)
ABC: Yes, It's Possible to Hack the Election (Aug. 19, 2016)
Atlantic: How Electronic Voting Could Undermine the Election (Aug. 29, 2016)
FOX: Princeton Professor demonstrates how to hack a voting machine (Sept. 18, 2016)
Fortune: Watch This Security Researcher Hack a Voting Machine (Nov. 4, 2016)
Vox: Here's how hackers can wreak havoc on Election Day (Nov. 7, 2016)
PBS: Here's how hackers might mess with electronic voting on Election Day (Nov. 8, 2016)
Slate: Now Is the Time to Replace Our Decrepit Voting Machines (Nov. 17, 2016)
PBS: Recounts or no, U.S. elections are still vulnerable to hacking (Dec. 26, 2016)
Politico: U.S. elections are more vulnerable than ever to hacking (Dec. 29, 2016)
ScientificAmerican: Our Voting System Is Hackable by Foreign Powers (March 1, 2017)
Politico: Will the Georgia Special Election Get Hacked? (June 14, 2017)
NPR: If Voting Machines Were Hacked, Would Anyone Know? (June 14, 2017)
HuffPost: Good News For Russia: 15 States Use Easily Hackable Voting Machines (July 17, 2017)
Forbes: These Hackers Reveal How Easy It Is To Hack US Voting Machines (July 29, 2017)
CNET: Defcon hackers find it's very easy to break voting machines (July 30, 2017)
CNN: We watched hackers break into voting machines (Aug. 11, 2017)
Intercept: The U.S. Election System Remains Deeply Vulnerable (Oct. 3, 2017)
NYT: The Myth of the Hacker-Proof Voting Machine (Feb. 2, 2018)
Slate: America's Voting Systems Are Highly Vulnerable to Hackers (Feb. 22, 2018)
NYT: I Hacked an Election. So Can the Russians. (April 5, 2018)
NewYorker: America Continues To Ignore Risks of Election Hacking (April 18, 2018)
Reuters: Old voting machines stir concerns among U.S. officials (May 31, 2018)
Axios: There's more than one way to hack an election (July 3, 2018)
Newsweek: Election Hacking: Voting-Machine Supplier Admits It Used Hackable Software Despite Past Denials (July 17, 2018)
Salon: Remote-access allowed: Voting machine company admits installing vulnerable software (July 20, 2018)
BBC: Hacking the US midterms? It's child's play (Aug. 11, 2018)
PBS: An 11-year-old changed election results on a replica Florida state website in under 10 minutes (Aug. 12, 2018)
Guardian: Why US elections remain 'dangerously vulnerable' to cyber-attacks (Aug. 13, 2018)
Guardian: Kids at hacking conference show how easily US elections could be sabotaged (Aug. 22, 2018)

National Academies of Sciences, Engineering, Medicine: Securing The Vote (Sept. 6, 2018)
CBS: Why voting machines in the U.S. are easy targets for hackers (Sept. 19, 2018)
NYT: The Crisis of Election Security (Sept. 26, 2018)
Politico: Attack on commonly used voting machine could tip an election (Sept. 27, 2018)
WSJ: Voting Machine Used in Half of U.S. Is Vulnerable to Attack (Sept. 27, 2018)
CNN: Hackers Bring Stark Warning About Election Security (Sept. 27, 2018)
Wired: Voting Machines Are Still Absurdly Vulnerable to Attacks (Sept. 28, 2018)
JenniferCohn: The genesis of America's corrupted computerized election system (Oct. 10, 2018)
Slate: Can Paper Ballots Save Our Democracy? (Oct. 10, 2018)
NYT: America's Elections Could Be Hacked. Go Vote Anyway (Oct. 19, 2018)
Vox: The hacking threat to the midterms is huge. (Oct. 25, 2018)
Forbes: Threats Obvious, But Electronic Voter Systems Remain Insecure (Nov. 1, 2018)
SciAmerican: The Vulnerabilities of Our Voting Machines (Nov. 1, 2018)
NYT: The Election Has Already Been Hacked (Nov. 3, 2018)
NYBooks: Voting Machines: What Could Possibly Go Wrong? (Nov. 5, 2018)
GQ: How to Hack an Election (Nov. 5, 2018)
Salon: Philly ignores cybersecurity and disability access in voting system selection (Feb. 16, 2019)
Politico: State election officials opt for 2020 voting machines vulnerable to hacking (March 1, 2019)
TechCrunch: Senators demand to know why election vendors still sell voting machines with 'known vulnerabilities' (March 27, 2019)
Salon: New "hybrid" voting system can change paper ballot after it's been cast (March 28, 2019)
AP: Exclusive: New Election systems use vulnerable software (July 13, 2019)
Vice: Critical US Election Systems Have Been Left Exposed Online (Aug. 8, 2019)
CNN: Watch this hacker break into a voting machine (Aug. 10, 2019)
NBC: How Hackers Can Target Voting Machines (Aug. 12, 2019)
WaPo: Hackers were told to break into U.S. voting machines. They didn't have much trouble. (Aug. 12, 2019)
MITTech: 16 million Americans will vote on hackable paperless machines (Aug. 13, 2019)
Salon: Hackers can easily break into voting machines used across the US (Aug. 14, 2019)
FOX: Election machine keys are on the Internet, hackers say (Aug. 22, 2019)
Hill: Voting machines pose a greater threat to our elections than foreign agents (Oct. 2, 2019)
NPR: Cyber Experts Warn Of Vulnerabilities Facing 2020 Election Machines (Sept. 4, 2019)
JenniferCohn: America's Electronic Voting System is Corrupted to the Core (Sept. 7, 2019)
Wired: Some Voting Machines Still Have Decade-Old Vulnerabilities (Sept. 26, 2019)
Hill: Hacker conference report details persistent vulnerabilities to US voting systems (Sept. 26, 2019)
MotherJones: Researchers Assembled over 100 Voting Machines. Hackers Broke Into Every Single One. (Sept. 27, 2019)
WaPo: The Cybersecurity 202: U.S. voting machines vulnerable to hacks in 2020, researchers find (Sept. 27, 2019)
RollingStone: John Oliver Breaks Down Faulty Election Machine Security on 'Last Week Tonight' (Nov. 4, 2019)
Bloomberg: Expensive, Glitchy Voting Machines Expose 2020 Hacking Risks (Nov. 8, 2019)
NYBooks: How New Voting Machines Could Hack Our Democracy (Dec. 17, 2019)
WaPo: Voting machines touted as secure option are actually vulnerable to hacking, study finds (Jan. 8, 2020)
NBC: 'Online and vulnerable': Experts find nearly three dozens U.S. voting systems connected to internet (Jan. 10, 2020)
ElectionLawJournal: Ballot-Marking Devices (BMDs) Cannot Assure the Will of the Voters (Feb. 14, 2020)
AP: Reliability of pricey new voting machines questioned (Feb. 23, 2020)
Guardian: Hack the vote: terrifying film shows how vulnerable US elections are (March 26, 2020)
HBO: Kill Chain: The Cyber War on America's Elections (March 26, 2020)
WSJ: Why a Data-Security Expert Fears U.S. Voting Will Be Hacked (April 24, 2020)
WhoWhatWhy: Touchscreen Voting Machines And The Vanishing Black Votes (May 27, 2020)
KimZetter: The Election Security Crisis and Solutions for Mending It (Sept.1, 2020)
DotLA: LA County is Tabulating Votes with QR Codes. Security Experts Think It's a Bad Idea (Oct. 22, 2020)
AJC: In high-stakes election, Georgia's voting system vulnerable to cyberattack (Oct. 23, 2020)
NYBooks: How Safe Is the US Election From Hacking? (Oct. 31, 2020)
USA Today: Will your ballot be safe? Computer experts sound warnings on America's voting machines (Nov. 2, 2020)
Politico: One big flaw in how Americans run elections (Nov. 2, 2020)
HeritageFoundation: Iranian Hackers Indictment Shows Vulnerability of Online Voter Registration (Nov. 30, 2021)
GovernmentTechnology: Report: Hackers Can Flip Votes in Georgia's Voting System (Jan. 27, 2022)

そもそもこの報告書はジョージア州の投票機器を調べた結果、脆弱性が発見されたというものですが、当のジョージア州は「何もしない」と言っているのです。

これでは、「ここことあそこに欠陥があるけど、ご自由にやりたい放題やってね☆」と言っているようなものです。

２０２４年1月19日、投票機器の検査をして報告書を作成したアレックス・ハルダーマンは、ジョージア州連邦地方裁判所に召喚され、判事の目の前でドミニオン社製の投票機器の改竄をいとも簡単に成功させています。

ハルダーマンはペンで電源ボタンを5秒間長押しすることで「セーフモード」にし、改竄予防シールを壊すことなく、システムに侵入。投票データを含めたデータのコピー・削除・書換え、ソフトウェアやマルウェアのインストールなど、制限なしでやりたい放題できることを実証したのです。

アマゾンで10ドルで購入したスマートカード、20ドルで購入したカードリーダーを使用し、システムのハッキングも成功させています。「（有権者の意向を反映しないため＝投票結果の改竄に）非公開の情報は必要か」という問いに、「意外なことに、必要ない」と衝撃的な回答をしています。

監査ログの改竄をプログラムすることで、自動的にデータが改竄され、投票データを改竄した形跡を残さないようにすることも可能で、このような悪意あるプログラムをインストールするのに2分もあれば十分とのこと。さらに、選挙日のみ起動し、選挙後に改竄用プログラムを自動削除することも可能なため、事前検査で気づかれないように隠しておくこともできる。

実はこの問題は2020年1月16日に連邦選挙支援委員会が先に発見していましたが、2020年大統領選挙は欠陥を抱えたまま選挙が行われ、ジョージア州は2024年も欠陥を抱えたまま選挙に臨もうとしています。

民主党は「投票する権利を守る」と声高に叫び、共和党が各地で主導する選挙不正をしにくくする州法改正案に反対し、成立した選挙犯罪防止法案を「マイノリティの権利を侵害している」として裁判を起こしています。

有権者の権利を守ることが目的であれば、共和党以上に選挙不正を防ぐための動きに賛同するはずですが、彼らの本音は「不正をしにくくされたら困る」なのでしょう。

いくつかの例を示し、いかに投票機器に頼っているアメリカの選挙システムが低レベルなものかを見ていきましょう。

こんな適当に大統領をはじめとする政治家を選ぶ国ごときに従わないといけないというのは、いかがなものかと考えさせられます。また、２０２０年以降に確認されている選挙不正の例も紹介していきます。

■投票機器に依存する世界最低レベルの選挙システムの実例

①ニューハンプシャー州ロッキンガム郡のケース

２０２０年11月３日の大統領選挙で、ニューハンプシャー州議会選挙の投票も同時に行われました。ウィンダムという街を含めた第7地区から州議会下院議員４人が選出され、すべて共和党候補が勝利しました。

この結果に異議申し立てをしたのが民主党候補クリスティ・ローレント。４４５６票で5位という結果で、４位の共和党ユリウス・ソティ候補４４８０票と僅差だったのです。

手集計が実施されたところ、異議申し立てをしたローレント候補は99票減らし、一方で共和党４人の候補全員が２９７票、２９９票、３０３票、２９８票と、約３００

票増やすという、明らかに不審な結果が出たのです。

言い換えると、2020年11月3日の投票機器の集計で、民主党候補の票は増え、共和党すべての候補の票はほぼ同数減らされていたのです。

事態を重く見たニューハンプシャー州議会は大規模監査をすることを決定、2021年7月に報告書が公開されました。

監査の結果、票の異常な増減の原因は「投票用紙の折り目」だと結論づけられました。

2020年選挙は従来の選挙と違い、コロナを理由に自宅から投票できる郵送投票が大規模に実施されたのですが、ロッキンガム郡は投票用紙を三つ折りにして送付。その折り目が民主党ローレント候補の欄の真上を通っていました。

アメリカの選挙はマークシート式で、○の中を塗りつぶす形式なのですが、投票機器が折り目を○を塗りつぶしていると識別していたのです。

ニューハンプシャー州下院議員選挙は最大で4人を選ぶことができたのですが、折り目を投票と認識した結果、自動的に民主党ローレント議員の投票と認識してしまっていたのです。

共和党４候補すべてを選んでいた場合、民主党ローレント候補を合わせ５人選んだことになってしまいます。こうなると「過重投票」として無効票扱いされ、共和党候補全員が３００票ずつ減らすという、不審すぎることが起きていたのです。

この〝不具合〟も、手集計をしたことで初めて認識することができました。再集計は機械による集計しかしない州もあるため、感知できていない場所もあるはずです。

②ジョージア州ディカーブ郡のケース

２０２２年11月８日、アメリカで中間選挙が行われました。中間選挙は大統領選挙の２年後にある連邦上院・下院議員選挙や各地の州知事・州議会議員選挙などの選挙が一斉に行われる、大統領選挙に次ぐ大規模な選挙です。

アメリカでは本選挙の前に、党内の候補者を絞る「予備選挙」が実施されます。

２０２２年５月24日、ジョージア州で予備選挙が行われましたが、最大都市アトランタの一部を含む第４の人口規模ディカーブ郡で、とんでもない〝不具合〟が発生していました。

ディカーブ郡郡政委員選挙第２地区は、共和党候補がいなかったため、民主党予備選挙が本選挙のようなものでした。結果は、次のとおり。

1位：5226票　マーシャル・オルソン
2位：4382票　ローレン・アレキサンダー
3位：3031票　ミシェル・ロング・スピアーズ

この結果に異議申し立てをしたのが、スピアーズ候補。手集計をするよう求め、6月1日に手集計の結果が出ました。手集計結果は、次のとおりです。

1位：6651票　ミシェル・ロング・スピアーズ
2位：4737票　ローレン・アレキサンダー
3位：3928票　マーシャル・オルソン
4位：　133票　ドナルド・ブロサード

得票数も順位もまったく違うどころか、3人と4人で候補人数すら違います。

まず、人数が増えた理由ですが、ブロサード候補は直前に選挙戦から撤退していました。

このことがややこしくする原因になっていたのですが、ブロサード候補が撤退したことで、投票先から削除することが決まりました。集計用のプログラムの変更をする必要があるのですが、その作業で〝人為的ミス〟があり、集計にズレが生じたと発表されています。

ジョージア州では、得票率が50％を超える候補がいない場合、上位２候補による決選投票になる仕組みで、スピアーズ候補は手集計前は３位、つまり、決選投票にすら進めなかったのです。ちなみに、決選投票で勝利したのはスピアーズ候補。

手集計をしなければ不具合に気づくことができないという、極めて危険な例です。無能がプログラムを扱ったのか、悪意を持った人物がやったのかは不明ですが、悪意のある人がプログラムをいじることで、選挙結果に影響を与えられるということが証明されました。

③2023年選挙のケース

2023年11月7日のペンシルベニア州とケンタッキー州で実施された選挙では、〝人為的ミス〟による、票の切り替わりが発生していました。

ペンシルベニア州ノーサンプトン郡の選挙では、ふたりの裁判官が継続して次の10年間留任することに賛成か反対かを問う選挙がありました。両者はそれぞれ共和党、民主党。タッチパネルで留任に賛成か反対かを選び、印刷された控えレシートを確認したところ、投票先が入れ替わっていたのです。

たとえば、共和党ステーブル判事に賛成、民主党パメラ判事に反対と別々の選択をすると、印刷されるレシートの賛成、反対がひっくり返っていたのです（両者に同じ投票をしていれば問題はありませんでした）。

当日の現場が大混乱で、最終的に下りてきた指示は「投票機器は正確に記録しているから、機械を信じるように有権者に伝えろ」でした。データは正確で、控えレシートが間違っているということで、このような説明をするように指示が出たようですが、笑ってしまいますね。

問題のあった投票所はES&S社製の投票機器を使用していて、議会に緊急召喚された顧客対応副代表の説明では「プログラムのコードエラーで、人為的ミスだ」ということでした。

ケンタッキー州も州内１２０郡あるうち23郡が使用している機器で、投票先が切り替わる問題が発生。

アメリカの選挙は一度に多くの選挙が実施され、このときのケンタッキー州では州知事、州務長官、司法長官、州議会議員など多くの選挙がありました。

いちいち候補を選ぶのがめんどうくさい人向けの機能で「所属政党で一括選択」という機能が備わる投票機器が採用されている場所があり、この機能を使うと「丸々選択政党が切り替わってしまう」という、衝撃の〝バグ〟です。

選挙前にしたアップデートの結果、タッチパネルが感知する場所にズレが生じるようになったことが原因でしたが、この大問題は期日前投票のときからわかっていたことでした。

とある投票会場の責任者は「私は選挙結果に問題ない自信がある。有権者もそれを信じてほしい」というよくわからないコメントをしています。

■民主党が民主党に不正を仕掛けた

「不正選挙は陰謀論」と言われて3年が経過しましたが、そう言っている民主党が民主党に選挙不正をしていたことが明るみになっています。

2023年11月7日のマサチューセッツ州スプリングフィールド市長選挙は、2008年から現職のアルノ市長と、ハースト候補の民主党対決でした。

選挙日の1週間前、ハースト陣営の選挙スタッフがバンで複数の有権者を送迎、期日前投票後に10ドル紙幣を渡していたところが監視カメラ映像に残されていたことが、市選挙スタッフの宣誓供述書で明らかにされ、証拠動画も公開されています。

主任法務官は「ハースト陣営の送迎で来た人々が、投票後に現金を受け取っているのを映像で確認できる」と事態を把握していることを認めています。

ハースト陣営は「ボランティアが勝手にやったこと」「市長陣営が成りすまして、私をはめようとしている」と関与を否定していましたが、選挙結果はアルノ市長が大差で勝利、6期目を決めています。

11月1日、コネチカット州裁判所は、9月12日に実施されたブリッジポート市長選挙の民主党内予備選挙結果の無効判決を出し、再選挙命令を出しました。

現職の民主党ジョー・ガニム市長に、同じく民主党のジョン・ゴメスが挑戦する選挙でしたが、ガニム市長を支持する市職員と民主党副委員長が不正をしていたことが発覚したのです。

ふたりのガニム支持者は、市役所前に設置されたバロットボックス（郵送投票専用の投函箱）に、複数回、複数票の郵送投票を投函しているところが、監視カメラ映像に残されていたのです。

同様の〝疑惑〟は2020年大統領選挙でも各地で確認されていて、『2000 Mules（2000人の運び屋）』というドキュメンタリーでまとめられています。

■ルール無用の大規模郵送投票

もし、サッカーワールドカップで足を使わず、ボールを抱えてゴールまで突撃してくる選手を審判が無視していたら、どう思いますか？

もし、ワールドベースボールクラシックで、3ストライクになってもホームランを打てるまで打席に残り続けるバッターを審判が無視していたら、どう思いますか？

もし、ボクシングの世界タイトルマッチで、金属バットとスタンガンを使い、ボコボコにする選手をレフェリーが止めなかったら、どう思いますか？

無秩序すぎて、スポーツとして成立していないと思うでしょうし、そんな審判・レフェリーは存在しないと思うでしょう。

残念ながら、左翼勢力に完全に支配されているアメリカ民主党により、アメリカの選挙はこのようなルール無用の無秩序なものになっています。

第1弾書籍で郵送投票の問題点を指摘しました。人の目がないため、不正の温床になる投票手法で、他人に成りすまして複数回投票する不正があり、不正票かどうかを確認する最後の砦が「署名確認」です。

しかし、2022年中間選挙で注目されたアリゾナ州の選挙で、まさにルール無用のとんでもないことが裁判所に容認され、最後の砦が切り崩されてしまっています。

アリゾナ州の最大郡マリコパ郡は全米第4位の大規模郡。マリコパを制する者はアリゾナを制すると言っても過言ではない地区で、2022年11月8日、数々の大問題が発生しました。投票機器の約６割が機能不全になるという、信じられないことが起きたりもしましたが、ここでは郵送投票の問題点だけ指摘します。

基本的に選挙不正を警戒する共和党支持者は、当日に投票所で投票する傾向があります。一方で、民主党支持者は期日前に郵送投票をする傾向にあります。ですから、民主党としては、郵送投票を増やすことができれば、民主党票を増やすことができるので、署名確認を厳しくすることに反対しています。

アリゾナ州では投票用紙を入れた封筒に署名をします。回収した封筒を〝Runbeck〟という選挙会社がスキャン。その後、スキャンデータを有権者登録にある署名や過去に投票したときの封筒にあった署名と照合し、一致していれば承認、有効票として集計されます。

署名確認はレベル１、レベル２、レベル３の３階層に分けられ、イメージとしてはレベル１は一般兵、２はリーダー、３は大ボスです。レベル１で不一致判定された署名はレベル２が再確認します。

また、署名不一致や記載漏れがある場合、有権者に連絡し、修正させます。

アリゾナ州マリコパ郡は署名確認の人員にレベル１に１５５人、レベル２に43人を配置していました。

実際に署名確認作業に従事していた人々が共和党州知事候補カリ・レイクの裁判で宣誓供述書を提出し、裁判にも出廷。

宣誓供述書を提出した3人は15%〜40%の署名を不一致判定していました。

Aさん：35%〜40%

Bさん：15%〜30%

Cさん：35%〜40%

たとえば、Aさんは約4万2500票の署名確認をし、1万4000〜1万7000票を不一致判定しました。相当杜撰《ずさん》な投票用紙ばかりだったと彼は言います。

これらの不一致になったものはレベル2マネージャーチームが再確認しますが、レベル2はたったの43人しかおらず、現場は大混乱。

やがて、レベル2からすでに確認したものが大量に差し戻されるようになり、Aさんが「なぜ同じものを何度も確認させるのか？」と聞いたところ、「注意深く署名確認をしろ」と言われ、要は「不一致にするな」と圧力をかけられていたのです。

署名確認作業をしていたのは宣誓供述書を提出したような真面目な人たちだけでは

なく、明らかな民主党の工作員のような人物もいました。

署名確認のログファイルをレイク陣営が確認したところ、11人の署名確認作業員が約17万４０００票を、１票あたり０〜２・99秒以内で99・97%を一致と判断していたのです。

署名確認歴30年の大ベテランが裁判に参考人と呼ばれ、「世界で誰もこのようなことはできないとは言わない。私は30年の経験があり、署名確認界のピラミッドの頂点に君臨している自負がある。その私がこのような真似事は決してできない」と証言しています。

この「ありえない」ことは、マリコパ郡

監視カメラ映像リンク先

https://rumble.com/v2ofzb8-maricopa-county-signature-reviewer-rapidly-verifies-signatures-in-under-2-s.html

署名の比較画像

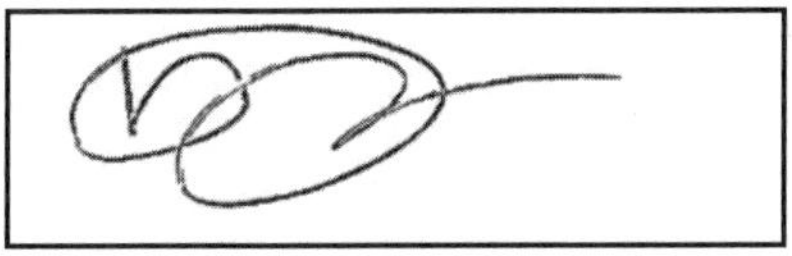

←アリゾナ州マリコパ郡のとある有権者の2020年選挙の署名

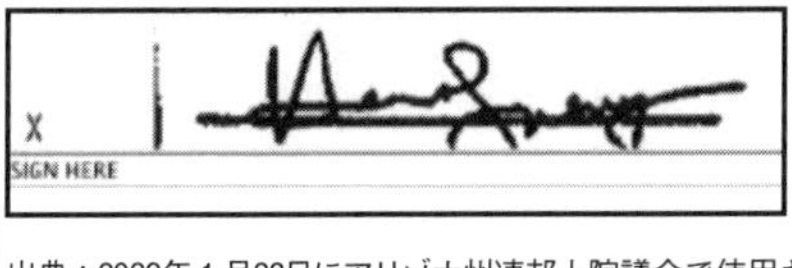

←登録された署名

出典：2023年１月23日にアリゾナ州連邦上院議会で使用されたプレゼン資料より
https://img1.wsimg.com/blobby/go/52849e48-1516-47de-bbf8-9adc95009877/downloads/Senate%20Presentation%20Final.pdf?ver=1706193673027

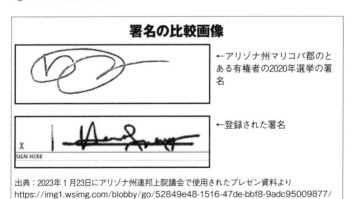

の署名確認作業部屋の監視カメラ映像という動かぬ証拠もあり、ボタン連打をしている人物が確認されています。実際の動画を是非とも71ページのリンク先からご覧ください（19秒後くらいからです）。

この動画でわかるのが、1秒～2秒くらいで処理しているということ。本来であればスクロール（画面を下に移動）させる必要があるようで、明らかに滅茶苦茶で、これは署名確認作業ではなく、高橋名人ばりのボタン連打作業になっていたのです。これでは不正票を見抜くことなどできません。

立会人のない場所でも署名確認作業が続けられていたということも裁判で明らかにされています。

まず、19時に署名確認チームは帰宅するように言われ、帰宅後は〝レコーダーオフィス〟が署名確認作業を実施していたことが内部告発者により明らかにされています。レコーダーオフィスのトップは共和党ですがＲＩＮＯ（Republican In Name Only／名ばかりの共和党員）のスティーブン・リチャー。

リチャー本人はツイッターに「こいつら（レイク陣営）はアホなのか。ＰＣひとつあれば、どこからでも署名確認作業はできるんだよ」とツイートし、自分で遠隔で監視のないところで署名確認作業をすることができることを白状しています。

　このツイートは即削除されましたが、しっかりスクリーンショットが撮られていて、言い逃れできない事態になっています。アホはどっちなんだか。

　マリコパ郡選挙長官は、立会人のいない自宅から11人が署名確認作業をしていたことを認めています。

　アリゾナ州選挙総投票数約２５０万票のうち、州知事選挙は約１・７万票差で民主党ケイティ・ホッブスの勝利、司法長官選挙は民主党クリス・メイズに共和党アブラハム・ハマデ候補がたったの５１１票で敗れたことになっています。

　無効票にしなければならない郵送投票が大量に含まれている可能性があり、選挙結果に影響を及ぼした可能性が非常に高いですが、裁判所の判断は「署名確認に問題はあったかもしれないが、きちんとやっている人もいたから問題ない」というものでした。ようは、サッカーでボールを抱えて走ろうが、野球でホームランが打てるまで打席に立ち続けようが、他のチームメンバーがルールを守っていればよいという判断が出たのです。

　これらの事実は、〝Election denier〟（選挙否定者）の戯言として無視されていますが、その代償をアメリカ国民はインフレ爆発、治安の悪化、不法移民大量流入、第三次世界大戦前夜の世界情勢として払っています。

２０２４年がトランプ共和党陣営も期日前投票、特に郵送投票に力を入れることを宣言しています。民主党は間違いなく不正行為を仕掛けてきます。

不正選挙ではカバーのしようのない大差をつけることが必要ですが、２０２０年にバイデン民主党に投票したアメリカ有権者がどれだけ反省しているか、どれだけ現実を直視できるのか――。

世界の命運は、それにかかっています。

第2章

1月6日連邦議事堂襲撃事件の真実

第1節：法と秩序を失った6カ月

■アメリカ三大民主主義の脅威……？

〝Certain dates echo throughout history, including dates that instantly remind all who have lived through them where they were, and what they were doing when our democracy came under assault,（中略）December 7, 1941, September 11, 2001, and January 6, 2021.〟

〝歴史の中で反響する日付がある。民主主義が攻撃を受けた時、その時を生きていた皆がどこにいて、何をしていたのかを瞬時に思い出させる日付だ（中略）1941年12月7日、2001年9月11日、2021年1月6日だ〟

カマラ・ハリス副大統領の2022年1月6日の演説の言葉で、1月6日事件を真珠湾攻撃、9・11同時多発テロ事件と同列に扱う発言でした。1月6日事件はそれ以上に悪かったと主張する人もいます。

『HuffPost』の政治記者Ｓ・Ｖ・デイトは「９・11の１０００倍悪い」とコメントし、『USA Today』のデービッド・マスティオは２０２１年５月13日の記事で「共和党は９・11ハイジャック犯以上の脅威だ」と指摘しています。

さらに、２０２１年７月６日には、元共和党ブッシュ選挙キャンペーンストラテジストのマシュー・ダウドが「１月６日事件は、９・11よりも悪いものだ」と言及。

２０２１年１月６日、ワシントンＤ.Ｃ.にあるアメリカ連邦議事堂に暴徒化したトランプサポーターが押し入る事件、いわゆる「連邦議事堂襲撃事件」が発生。この当時、連邦上院・下院議員が集まり、２０２０年大統領選挙の結果承認をしていましたが、約６時間にわたって休会される事態になりました。

一般的には、

「狂ったトランプサポーターが起こした事件」

「民主主義が死んだ日」

「アメリカ政治史に残る大事件」

などとされ、トランプ大統領を含め、１０００人以上が起訴されています。

ペロシやハリス、その他民主党に加え、一部共和党支持者の中にも、トランプ大統領とトランプサポーターの1月6日事件に関する責任追及を求める声があります。

しかし、これらの「トランプ、トランプ」と言っている連中は、1月6日事件の真相を究明しようとしません。1月6日事件の議論や報道は「トランプが悪かった」という結論ありきになっているのです。

アメリカのメインストリーム・メディアの報道内容を転記するだけの日本の主要メディアが、現場にFBI内通者や首都警察の覆面捜査官、その他の政府機関の覆面捜査官が大量にいたことなど、報じるはずがありません。

もちろん、事件の前日に〝ペロシによって警備が手薄にされていた〟ことなど報じることはなく、日本では「狂ったトランプサポーターによる暴力的な反乱だった」となっています。

一説には、かつてのイギリス首相チャーチルの言葉とも言われる〝History is written by the Victors.〟「歴史は勝者によってつくられる」は、まさに1月6日事件。

本章では、トランプ降ろし、保守狩り愛国者狩りの最大の武器として、バイデン民主党に使われている1月6日事件の真相をひもといていきます。

■1月6日事件の被害

メディアや民主党は「トランプサポーターによって、３０００万ドル以上の被害が出た」と主張していました。根拠になっているのは２０２１年2月24日のブレット・ブランドン議事堂建築監の議会証言です。

ところが同年６月、議事堂内に侵入したことなどで起訴されたポール・ホジキンスの裁判で、検察（司法省）が裁判所に告げた被害金額はわずか１５０万ドルと、20倍も誇張された数字だったことが判明。

理由は、ブランドン議事堂建築監が2月に推計した数字には修繕費以外に、議事堂警察官への精神的治療や警備強化のための予算が入れられていたため。

警備強化に関しては、1月20日のバイデンの大統領就任式には、当時のイラクとアフガニスタンに駐留している米軍規模を超える2万５０００人の州兵が警備のため派遣され、その後もナンシー・ペロシ下院議長の指示で、数千人の州兵が議事堂前に意味もなく寒空の下に立たされていたり、何の根拠もなく「トランプサポーターが暴れるかもしれないから」という妄想を理由に議事堂周りをフェンスで囲ったり、議事堂内に意味もなく金属探知機を設置したりと、「トランプサポーターが民主主義の脅威」という民主党の〝物語〟を成立させるためのパフォーマンスの無駄遣いが積み重なった結果だったのです。

一方、民主党や左派メディアが散々「平和的な抗議活動」として煽りまくったBLM暴動は『Property Claims Services』の報告によると、2週間で推計20億ドルの被害だったとされています。この数字にはその後のウィスコンシン州ケノーシャでの暴動や、オレゴン州ポートランドの100日間以上にわたって続いた占拠などは含まれていませんので、実際はこんなものではないでしょう。

『世界経済フォーラム』の2022年2月の報告によると、1950年〜2019年に12件の大規模暴動がありましたが、1992年のロサンゼルス暴動が過去最大被害で8億ドル。70年間に起きた暴動の平均被害額は9000万ドル。いかにBLM暴動が凄まじいものだったかがわかると思います。

1月6日事件の被害額150万ドルを比較してみると、BLM暴動は少なくとも1333倍の被害を出していたのです。

「ＢＬＭは平和的だった」という、〝ファクトチェック〟はＢＬＭの悪口を探そうとすると大量に検索でヒットします。彼らの主張は『US Crisis Monitor』の分析に基づいていて、２４００カ所７７５０件の〝抗議活動〟を分析し、約93％は暴力事件がなかったということで、「比較的平和だった」と言っているのです。いやいや、７７５０件の７％は５４２件ですけど。

さて、１月６日事件の人的被害は、議事堂警察官１１４人（政府監査院２０２２年３月７日発表）で、１月６日の現場で亡くなった人は４人でした。

ＢＬＭ暴動は約２週間で少なくとも19人が亡くなり（『フォーブス』２０２０年６月８日報道）、２０２２年10月の警察組合の報告書では、５月25日〜７月31日までの期間に、２０３７人の警察官が負傷。６２４件の放火、97台の警察車両が放火、２３８５件の略奪が全米69都市・カナダ９都市の警察が加盟する団体の管轄地域で確認されています。

■1月6日に亡くなった人々

1月6日事件で亡くなった人は4人いて、アシュリー・バビット、ロザンヌ・ボーイランド、ベンジャミン・フィリップス、ケヴィン・グリーソン。全員〝トランプサポーター〟です。

アシュリー・バビットは議事堂警察官マイケル・バードに射殺され、ロザンヌ・ボーイランドは、服用していた薬物の過剰摂取で亡くなったとされていますが、警察による過剰攻撃が指摘されています。ベンジャミン・フィリップスは、議事堂屋外で妻と電話中に心臓発作を起こし亡くなり、ケヴィン・グリーソンは脳卒中で亡くなっています。

民主党の陰謀論に汚染されている人は、「トランプサポーターに殺された警察官の名前がないじゃないか！」と思うでしょう。

議事堂警察官として、1月6日に連邦議事堂の警備をしていたブライアン・シックニックは、トランプサポーターにより殺害されたことにされています。結論から言うと、脳卒中による〝自然死〟です。
「トランプサポーターは警察官殺し」という陰謀論の発端は『ニューヨーク・タイムズ』の2021年1月8日の報道で、「〝ふたりの法執行機関職員の話〟によると、トランプサポーターに消火器で頭部を殴打され、即時搬送されたが1月7日夕方に亡くなった」と報じたのです。この報道は、トランプ前大統領の2度目の弾劾裁判の引き金のひとつになりました。

ところが、2月2日にCNNが「検視官は殴打を受けた形跡はない」とし、「消火器で殴打された初期報道は正確ではないとみて捜査を継続していて、殺人による立件が難航している」と報じました（結局殺人ではないため、殺人罪による起訴はありません）。そして、「トランプサポーターにより、化学スプレーを受けたことにより死亡した可能性がある」として、消火器殴打陰謀論はスプレー説に切り替わりました。

4月7日、ワシントンD.C.監察医オフィスはバビット、ボーイランド、フィリップス、グリーソンの死因を公表。しかし、「ブライアン・シックニックの死因は究明中」として、公表されませんでした。

4月19日、『ワシントン・ポスト』のインタビューに検死官が応じ、死因は「脳幹の付け根で2度の脳卒中を起こした」と明らかにし、つまりは〝自然死〟だったのです。「化学刺激物によるアレルギー反応を起こしたという証拠は見つからなかった」「内外に傷はなかった」とも付け加え、『ニューヨーク・タイムズ』の消火器殴打陰謀論もCNNのスプレー陰謀論も否定されたのでした。

一応、検死官は「当日に攻撃を受けたことが要因の可能性はある」としつつも、これは大騒ぎした左派メディアが恥をかかなくてもいいように言ったことのように思えます。

問題なのはトランプ潰しをしようとするあまり、真実を報じる責務を放棄したメディアです。実はシックニックが自然死だというのは、1月8日に『Gateway Pundit』が「脳卒中の可能性がある」と報じ、1月10日には『ProPublica』がシックニックの兄に取材し、消火器のことは一切話さず、「スプレーを2回受けたが、特に問題ない」とテキストのやりとりをしていたことを明かしていたのです。

『Gateway Pundit』は極右デマサイトと呼ばれることがしばしばですが、実はいち早く真相に近づく報道をしていて、ファクトチェックなどと偉そうなことを言っている主要メディアこそが、民主党のプロパガンダマシーンとして適当なことを報じていたのでした。

また、2022年1月6日、ペロシ下院議長は1月6日事件の現場にいて、〝その後〟殉職した4人の警察官の名前を読み上げ、さも1月6日事件で犠牲になったかのようにしました。

先述のとおり、1月6日事件で警察官は誰一人として亡くなっていません。

読み上げられた4人の警察官のひとり目がブライアン・シックニックで、死因は先述のとおり。ハワード・リーベングッドは1月9日に自殺、ジェフリー・スミスも1月15日に自殺。ビリー・エヴァンスにいたっては、4月2日のイスラム過激派ノア・グリーンが車で議事堂周辺の警備に突っ込んだことで亡くなっています。

1月6日事件とまるで関係がなく、トランプ共和党を貶めるため、死者を愚弄する民主党の汚さが垣間見えたのでした。

■アシュリー・バビットの殺害

カリフォルニア州出身の35歳退役空軍兵のアシュリー・バビットは最も注目を集め

た1月6日事件の犠牲者でしょう。

身長約158センチメートル、体重約50キロの女性は、イラクやアフガニスタンに派兵されたことがあった人物。

1月6日のあの日、下院議長オフィスにつながる廊下の扉をよじ登ろうとしているところ、下院議会警備の責任者だった議事堂警察官マイケル・バードの放った一発の銃弾を受け、搬送先の病院で死亡が確認されました。

半年前のBLM暴動時では、警察官に射殺された人が出た途端に大騒ぎになっていましたが、バビット射殺に関して左派は沈黙。理由は彼らが求める人物ではないからでしょう。

射殺されたバビットは白人、射殺したバードは黒人です。さらに、バビットはトランプサポーターでもあり、庇うことに左翼のメリットはありません。

しかし、バビット射殺の状況・その後を知れば知るほど、「警察予算削減！」「警察廃止！」と叫ぶ左翼が大騒ぎすべき案件だったことが明らかにされています。

スタン・ケファートは「動画を確認した私の結論は、アシュリー・バビットは殺害された」と『エポックタイムズ』の取材に答えています。

ケファートは42年の法執行機関職員歴があり、１９８４年の夏季ロサンゼルスオリンピックの警備総責任者を務め、警察の実力行使に関する裁判で３５０回以上の証言歴のある、警察実力行使の専門家です。ケファートに限らず、複数の元法執行機関職員がバビット射殺を「殺人だった」と結論。

主な理由は「事前警告がなかった」こと。３人の警察官を含め、現場にいた人々は、バードの発砲前警告を「聞いていない」と証言しています。

また、丸腰で武器を持たない小柄なバビットが脅威になるとは言えず、発砲が適切だったとは言えないというのです。

これに対し、バードは「バリケードがあったため、バビットを目視することができず、武器の有無はおろか、性別すらも判別できなかった」と言います。緊迫した現場だったことを踏まえると、バード側の言い分もわからなくもありませんが、問題なのは異様な事後処理です。

警察官が射殺事件を起こした場合、適切な対応だったかどうかの調査がされます。バードに対しても調査が行われましたが、あからさまな特別待遇がされていました。

まず、バードは代理人弁護士立会いで１月29日に現場検証には応じたものの、その後の捜査に全く協力せずに、「問題なし」の結論が出されています。『Judicial Watch』が2022年6月7日に情報公開請求で明らかにさせた内部報告書によると、憲法修正第5条が保障する黙秘権の行使すらせずに捜査協力を拒否。通常であれば何かしらの懲罰があってもおかしくないほどの非協力的態度ですが、何のお咎めもなし。ワシントンD.C.首都警察報道官も「バードは事情聴取を拒否した」と、事情聴取すらせずに結論を出していたことを認めています。

BLM暴動時には、黒人を殺害した警察官たちの身元はすぐに明かされ、メディアや活動家たちにより煽動された人々から社会的抹殺を受けました。

ところが、バードは約半年にわたり名前すら明かされず。バビット射殺犯としてバードが特定されたのも、ジャーナリストのポール・スペリーが2021年7月7日に報じたことで判明したのであって、議事堂警察や司法省が公開したわけではなかったのです。

2023年1月6日に『Judicial Watch』が国防総省から新たに入手した内部資料によると、バードはペットとともに、アンドリュース統合基地内の空軍ホテルPresidential Innに身元が明かされた翌日の2021年7月8日～2022年1月28

日まで〝無料〟（＝税金）で滞在していたことが判明しています。

冒頭で言及した、警察マニュアルに適正に従っていたデレク・ショーヴィンらは社会的に抹殺されてしまいましたが、バードは真逆。『Roll Call』の2023年8月24日の報道によると、バビット射殺当時のLieutenant（警部補）から、Captain（警部）に昇進しているのです。詳しくは後述しますが、1月6日事件の不審な点のひとつが、明らかに責任を負うべき人が昇格し、懸命に対応していた人が懲罰を受けることになっている点です。

バビットの遺族は2024年1月5日、カリフォルニア州連邦地方裁判所に提訴し、3000万ドルの賠償請求をしています。

■たった6カ月で崩壊した司法

法治国家では、秩序を維持するために法が定められ、法に背いたものには裁きが与えられます。誰しもが裁けるわけではなく、国家から認められた限られた人間にのみその特別な法執行権限は付与されます。

本来平等であるはずの人が人を裁く以上、必ず守られなければならない大原則があります。

「公正・公平・平等」であるということです。

アメリカはこの大原則がたったの6カ月で崩壊し、残念ながらいまのアメリカは法治国家ではなくなっています。

2020年夏、ジョージ・フロイドという薬物中毒者が死亡したことで、アメリカに留まらず世界で抗議活動が発生、アメリカでは大都市を中心に暴動に発展しました。この当時の主要メディアや民主党は〝Riot〟（暴動）と呼ばず、〝Protest〟（抗議活動）〝Racial Justice〟（人種正義）と呼んでいました。

死傷者が出る暴力、略奪、放火、燃え盛る建物を背後に「比較的平和的な抗議活動」という、大喜利としか思えないようなことを言うメディアまで出る始末。それでも、「暴動」ではなく、「抗議活動」だったのです。

このBLM暴動で逮捕された人数は2週間で1万7000人以上。『ガーディアン』が独自分析を2021年4月17日に公開し、逮捕された9割近くが不起訴処分で済まされていました。

たとえば、テキサス州ヒューストンの93％、ダラスの95％が不起訴。ミシガン州デトロイトは93％、カリフォルニア州ロサンゼルス93％、ペンシルベニア州フィラデルフィア95％の逮捕が不起訴処分にされていたのです。

それどころか、警察による不適切な取締りだったとして、ＢＬＭ参加者に対する賠償金を支払うことで和解するところも出ています。

たとえば、コロラド州デンバーでは、約３００人に総額４７０万ドルの支払いで和解が成立、ペンシルベニア州フィラデルフィアは３４３人に９２５万ドルなど、全米で少なくとも19都市、総額８０００万ドル超の和解が成立しています（２０２３年５月25日『ガーディアン』のまとめ）。

ハワード大学ロースクール教授で、サーグッド・マーシャル公民権センターのエグゼクティブ・ディレクターであるジャスティン・ハンスフォードは「アメリカの歴史上、このような警察の残虐行為に対する和解の〝波〟を見たことがない」と『ガーディアン』の取材に答えています。

基本的に大都市の多くは民主党が優位で、市長や市議会を民主党が支配していることがほとんど。第1弾書籍で言及した「ソロスチルドレン」と呼ばれる各主要都市にいる極左検察官の存在は異様な不起訴率の高さの要因のひとつでしょうし、あれだけ持ち上げややりたい放題を許したＢＬＭ暴動に関する裁判は、ＢＬＭ暴動に反対していた共和党に同調することにもなりかねないため、民主党の多い都市はＢＬＭ関連裁判を戦うことができないのでしょう。

このような特別待遇とは違い、１月６日事件で逮捕された人々はまったく別の扱いを受けています。

２０２３年12月時点で全米50州１２４０人以上が逮捕・起訴されています。約１７０人が裁判で有罪判決を受け、約７１０人が有罪を認めるか司法取引に応じ、２人が無罪判決。７２０人以上に量刑の言い渡しがされていて、４５０人ほどが刑務所に送られているのですが、独裁国家が反体制派に対して行う、法を逸脱した非人道的措置を受けている人がたくさんいます。

■裁判すら受けられずに拘束されている人々

大前提として、先陣切って突撃していった人は侵入してはいけないことをわかった上での行動だと思いますし、物を壊した、盗んだ、暴行をした人は裁かれるべきです。

しかし、議事堂に到着した時点で柵が撤去されていたことで、立ち入り禁止区域かどうかわからなかった人や、警察が立ち「おいでおいで」と手招きしている開放された扉を通って議事堂に入ったことを不法侵入というのはフェアではありません。

裁判すら受けられず、3年以上にわたる不当な拘束を受け続けている人もいます。念のため補足しておきますが、これから具体例として紹介するのは中国のウイグルで起きていることでも、ロシアのモスクワで起きていることでも、北朝鮮でもイランでもベネズエラでもありません。世界最大の〝民主主義〟国家アメリカ合衆国で起きていることです。

2021年1月16日、エドワード・ジェイコブ・ラングは1月6日事件に関与した容疑で逮捕されました。暴行や内乱行為、不法侵入など11の罪状で起訴されていますが、逮捕から3年以上経過した執筆段階で、未だに裁判すら受けられず、1000日以上拘束され続けています。

アメリカ合衆国憲法修正第6条「迅速な公開の裁判を受ける権利」に違反していますし、有罪判決を受けるまでは無罪だという「推定無罪の原則」に反している異常なことです。

ラングもそうですが、多くの1月6日事件で拘束されている政治犯は拷問を受けています。ライアン・サムセルは議事堂屋外で最初に暴徒化したひとりです。２０２１年1月30日に逮捕されましたが、３月に拘留先のワシントンD.C.拘置所で暴行を受けています。『ワシントン・ポスト』が２０２１年4月7日に報じるほどでしたが、きっかけはサムセルがトイレットペーパーを要求したところ、守衛はまったく応じず、口論になったとのこと。

21日深夜、ふたりの守衛がサムセルの独房に押し入り、結束バンドで後ろ手に腕を縛り上げ、無防備なサムセルに暴行。サムセルは気絶し、翌朝まで意識を取り戻すことはありませんでした。

襲撃された翌日になりようやく病院に搬送されたのですが、頭部打撲および意識消失、両目充血、急性腎障害、手首の損傷、眼窩底骨折（右側／閉鎖骨折）、両顔面両鼻骨骨折、胸郭出口症候群と診断。

9月11日に裁判所に緊急の医療措置を受ける許可を求めた申し立てによると、右目の視力を失い、発作を起こし、胸郭出口症候群と嚢胞性疾患（暴行で悪化した可能性がある）に関連した継続的な痛みと苦しみがある状態が続くも、治療を受けられていないのです。病院側からの要請を受け、裁判所が承認した治療すら受けられていないことが明らかになっています。

サムセルは1月6日事件の時点で別件の事件で保釈中の身であり、ニュージャージー州で2019年に起こした暴行事件で逮捕状が出ていた犯罪者ですが、それでも人間らしい対応を受ける権利はあるはずです。左翼は黒人や犯罪者が拘束されることに反対し、刑務所や拘置所の廃止を訴えていますが、1月6日事件政治犯が受けている拷問にはダンマリをきめこんでいます。

1月6日事件政治犯は全米の拘置所を転々とさせられていて、サムセルは2021年1月〜2023年8月までの間に17カ所を移送させられています。サムセルは殺す勢いの仕打ちを受けていますが、レイ・エップスという謎の大男に関する重要な証言をしている人物であることが関係しているかもしれません（後述します）。

クリス・ウォレルはがん（非ホジキンリンパ腫）の治療を約8カ月間受けさせてもらえず、裁判所の命令でようやく治療を受けられるようになり、クリストファー・クアグリンはセリアック病のためグルテンフリーの食材を必要としていましたが、通常の食料しか提供されず、アイザック・トーマスは喘息の治療を受けさせてもらえていませんでした。『エポックタイムズ』の2023年12月18日の調査報道によると、裁判すら受けられずにこのような拷問を受け続けている政治犯の数は少なくとも34人いるとされています。

2021年11月4日、マージョリー・テイラー・グリーン連邦下院議員とルーイ・ゴーマート連邦下院議員、議員スタッフはワシントンD.C.の収容施設の視察を行いました。

一般的に連邦議員はいつでも視察できるはずだったのが、1月6日事件政治犯を収監するようになってからは視察が拒否され続け、ようやく実現したのでした（左翼はどうしてこうも隠したがるんでしょうか…）。

12月に〝UNUSUALLY CRUEL〟（異常に残酷）という報告書で実際に両議員が目撃し、収容されている政治犯たちから聞いた内容が明らかにされていて、その内容は後に様々な報道で出てくる残酷な実態を裏付けるものになっていました。

1月6日事件政治犯たちの多くが受けていた仕打ちをまとめると、1日23時間の独房監禁、弁護士を含め外部との接触は週に2回程度しか許されず、コロナワクチン非接種者は散髪や宗教儀礼が許されないなど、滅茶苦茶な仕打ちをうけていたのです。

彼らの多くが前科のない、職もあった真っ当な人々。司法省は１月６日事件政治犯たちを「テロリスト」として扱い、「地域の脅威になり得る」として釈放することに反対し、裁判所はそれを認めているのです。

たった６カ月で正義の象徴だった暴動は、一転して過去最悪の国内テロリストによる国家転覆事件となり、不公平という言葉では片づけられない深刻な司法制度の崩壊を招いているのです。これが「ＭＡＧＡ（Make America Great Again）トランプ共和党の民主主義の脅威から国民を守る」と標榜しているバイデン民主党の行っていることなのです。

第2節：内部告発者が明かす真実

■FBI内部告発者が明かす副長官の脅迫

バイデン政権の発足は司法省傘下の捜査機関ＦＢＩの政治的武器化を急速に進め、

民主党の秘密警察と化している現状に危機を感じた勇気と正義感を持ち合わせた内部告発者が大量に出ることになりました。1月6日事件以外の内部告発も出ていますが、ここでは1月6日事件に絞った告発内容を紹介します。

2023年6月23日、内部告発者の代理人を務める「Empower Oversight」が司法省監査長官にFBIの内部告発があったことを通達、捜査をするように求め、連邦上院・下院司法委員会にも通達されました。

告発者はFBI勤務歴15年のベテランで、支部長クラスの現場高官と思われます。告発内容を端的にまとめると、2021年2月にポール・アバテFBI副長官が全体会議で、「1月6日事件捜査に黙って従うか、クビにされるか選べ」という圧力をかけていたというのです。

FBIは毎週水曜日に65支部トップ、外国法事務官、FBI本部の各部門が参加する全体会議を実施しています。就任直後のアバテ副長官による訓話で、全支部に向けて1月6日事件捜査（トランプサポーター狩り）を全力ですることが伝えられたのでした。

アバテ副長官は「1月6日事件捜査とBLM捜査を比較している捜査官がいること

を聞いている」「1月6日事件捜査、または私（本部）からの指示に疑問をもつようなものは不要」「FBIに相応しくなく、別の職を探すべきだ」とした上で、各支部で捜査に疑問をもつ捜査官がいる場合、アバテ副長官に直接報告するように指示が出されていたのです。

内部告発者は「何百回と全体会議に参加してきたが、ここまでの脅迫は初めてだった」と異様さを語っています。

アバテ副長官の脅迫の前、内部調査で「かなりの割合のFBI捜査官が、1月6日事件捜査対象者に同情している」という報告がされていたため、トランプ共和党狩りの絶好のチャンスを逃したくないアバテ副長官が釘を刺したのでしょう。

FBI捜査官は全米屈指の頭脳と能力をもつ精鋭の集まりであり、余程の〝バカ〟でない限り、BLM暴動の捜査と1月6日事件捜査の違いに多くの人が気づくわけで、FBI捜査官の多くは違和感をもっているのでしょう。

内部告発者はFBIアカデミーで必ず訪れることになっているホロコースト記念館で学んだ「命令や政策が間違っているとき、核心的価値・原則を犯す行為を言われたとき、困難な質問をし、異論を唱える勇気を持たなければならない。潰されることを恐れることなく、できるはずだ」と比較し、「副長官のメッセージは真逆のものだ」と指摘、独裁国家の思想そのものであることを非難する言葉を、宣誓供述書の最後に記しています。

ＦＢＩの腐敗は今に始まったことではありませんが、バイデン民主党によるトランプ共和党保守狩りは目に余るものがあります。

■ＦＢＩの異常な捜査

スティーヴ・フレンドはＦＢＩ捜査官として8年勤務し、ＳＷＡＴ部隊にも所属していました。ＦＢＩ捜査官になる前は、ジョージア州で保安官として4年勤務していて、合わせて12年の法執行機関勤務経歴のあるベテランです。２０２２年7月にはＦＢＩ内部で表彰を受けているほど優秀なフレンドですが、２０２２年9月21日に内部告発者として連邦議会に接触します。

フレンドはＦＢＩが上層部によって政治組織化していること、異常な1月6日事件捜査を告発したのです。

ＦＢＩアカデミーを卒業後、オマハ支部の凶悪犯罪捜査を担当し、ＳＷＡＴチームにも配属された後、２０２１年6月にジャクソンビル・フロリダ支部の児童搾取・人身売買捜査（未成年者性犯罪捜査）に転属命令を受けます。

しかし、わずか4カ月後の10月、統合テロ対策タスクフォース（Joint Terrorism Task Force）への転属を命じられます。統合テロ対策タスクフォースは名称どおりのテロ対策を専門に扱う部署ですが、対象に「国内テロ犯罪」も含まれます。

バイデン民主党と左派メディアは、トランプ支持者と保守層を弾圧するため「国内テロ犯罪が急増している」という〝物語〟をつくりあげています。後述しますが、１月6日事件はその物語に利用されているのですが、フレンドの告発はその裏付けとなるものです。

フレンドの宣誓供述書によると、急な転属理由として「ＦＢＩは国内テロ犯罪捜査（＝1月6日事件捜査）を優先とし、未成年者性犯罪捜査は優先事項ではない。それは地元警察に任せればよい」という旨伝えられたといいます。

フレンドが内部告発をするきっかけになったのが、１月6日事件で逮捕状を執行するためにＳＷＡＴ部隊を投入することが決められたことです。

1月6日事件で逮捕されている多くの人々が禁止区域への立ち入りや、議事堂内での違法活動などの〝軽犯罪〟です。初犯の人が多いため、地域への危険性はなく、抵抗することもないと思われるため、通常では自首勧告をするようなケースばかり。

ところが、1月6日事件の容疑者には重武装したSWAT部隊を投入という、凶悪犯罪者に対してとられる対応がされています。「法執行手続きが〝制裁〟になるようにしている」とフレンドはFBIのこのような過剰対応を非難。さらに、これらの異常な法執行は憲法とFBI内部規定に違反している行為だと進言しましたが聞き入れられず、SWAT部隊として出動要請を拒否することを決めます。

結果として、フレンドは無給休暇を言い渡され、セキュリティクリアランス停止、拳銃・FBIバッチの剝奪処分を受けます。

FBIはこれらの対応を「報復ではない」と主張していますが、共和党連邦上院議員のチャック・グラスリーとロン・ジョンソンは、「フレンドが求めた別部署への異動をしないのは、フレンドに対する報復をすることを上層部が選んだということだ」と非難するレターをクリストファー・レイ長官に出し、状況説明を求めています。

■政治的目的達成のために動く秘密警察

ＣＮＮは２０２１年１月19日に、バイデン政権は「国内テロ活動を国家安全保障会議の重要課題とする」ことを決めたと報じました。

２０２１年３月２日、ＦＢＩ長官クリストファー・レイは「国内テロリズムの問題は、長い間全米に転移していて、すぐになくなることはない」と証言。

３月17日、国土安全保障省長官アレハンドロ・マヨルカスは、就任後初めての下院国土安全保障委員会で「国内の暴力過激主義は米国にとって最大の脅威」と証言し、５月４日司法長官のメリック・ガーランドは就任後初の下院歳出委員会で「国内における暴力過激主義、国内テロリズムの恐怖が高まっている」と証言。

バイデン政権の国家安全保障に関わる重要閣僚が口を揃えて「国内テロリスト・暴力過激派」の脅威が増していることを主張しているのです。

ＦＢＩと国土安全保障省の発表によると、２０２０年度（２０１９年10月１日〜２０２０年９月30日）の国内テロ事件捜査件数は約１４００件で、１８０人が逮捕。２

021年度（2020年10月1日〜2021年9月30日）は約2700件の捜査件数で逮捕者数は800人超。確かに、国内テロ事件が爆増していますが、この数字のカラクリは1月6日事件です。

1月6日事件が発生した場所はワシントンD.C.。基本的には事件発生場所で捜査されるので、FBI本部のお膝元であるワシントン支部が管轄しますが、1月6日にワシントンD.C.に集まっていたトランプサポーターは全米50州から集まっていました。バイデン政権はこれをトランプサポーター・保守狩りに利用しています。

ワシントン支部が捜査を主導していますが、「捜査ファイル」は容疑者の住む地域を管轄する支部で作成するようにしているのです。フレンドはこれをFBIの捜査手順マニュアルに違反しているといいます。

フレンドはジャクソンビル・フロリダ支部で1月6日事件の捜査担当ということなので捜査ファイル上は〝lead agent〟「担当捜査官」にされていたのですが、実際はワシントン支部がすべての捜査をしている事案ばかり。『Just the News』のインタビューでフレンドは「たとえば、ジョン・スミスという男を1月6日事件で逮捕したとする。私は裁判で担当捜査官として召喚され、被告人の弁護士にこう聞かれるだろう」

と、わかりやすいたとえ話をしています。
弁護士「あなたは捜査で何を調べたのか」
フレンド「何もしていない」
弁護士「あなたが逮捕する決定をしたのか」
フレンド「いいえ」
弁護士「上司が承認したのか？」
フレンド「いいえ」

各地で名前だけが使われた捜査ファイルが作成されていることで、このようなことが現実として起きているのです。

２０２３年5月18日に下院司法委員会に設置された政府武器化委員会が公開した報告書には別のＦＢＩ内部告発者ギャレット・オーボイルの証言があります。オーボイルによると、ＦＢＩは1月６日事件の犯罪カテゴリをすべて〝Domestic Terrorism Case〟「国内テロ事件」として扱っていることが明かされています。連邦議事堂内を静かに歩いていただけでもテロリスト扱い。

そして、各地で捜査ファイルが作成されることにより、アメリカ全土で「国内テロ事件」が多発しているように〝見える〟状況がつくりあげられているのです。実際はほとんどが1月6日事件の捜査であり、すべてはワシントンD.C.で発生していることと。

この項の冒頭で紹介したバイデン政権の「国内テロ活動（＝保守系過激派）が活発化している」という〝物語〟を実現させ、トランプ派をアメリカから葬り去るため、FBIは本来の責務を忘れ、善良な愛国者たちの討伐をしているのです。

これがアメリカの現実。独裁国家となんら変わらないのが〝民主〟党支配のアメリカです。

■FBIボストン支部が受けた異常な指示

マサチューセッツ州のFBIボストン支部の捜査官だったジョージ・ヒルの内部告発も先述の下院報告書に記載されています。

ボストン支部の主任諜報分析官だったヒルは、ワシントン支部から1月6日事件の捜査に関する指示を受けます。

「マサチューセッツ州からワシントンD.C.に来ていた140人の捜査ファイルを作成せよ」です。

マサチューセッツ州から140人が2台のバスでワシントンD.C.に抗議活動に向かいました。2人が議事堂内に侵入したことが判明していましたが、残りの138人に関しては議事堂に侵入した証拠はなし。当たり前ですが、証拠なしに捜査ファイルを作成するのはありえません。

ボストン支部は議事堂内にいたかどうかを確認するために、議事堂内監視カメラ映像1万1000時間の提供を要請しましたが、ワシントン支部は拒否。「対象者が議事堂内にいた正確な時間と場所の提供がなければ、見せることはできない」と言うのです。

いやいや、議事堂内にいたかどうかがわからないから、映像を寄越せと言っているのに、意味不明です。

ワシントン支部は監視カメラ映像の提供ができない理由を「身分を隠さないといけない〝UCs〟や〝CHSes〟が映っているかもしれないからだ」と説明しています。

〝UC〟は〝Under Cover〟、いわゆる「覆面捜査官」のことで、〝CHS〟は

〝Confidential Human Source〟「内通者」のこと。つまり、1月6日事件の現場に大量に忍ばせ、場合によっては煽動していたFBI覆面捜査官や内通者がバレてしまうことを恐れているのです（後述しますが、現場に最大200人規模の覆面捜査官や内通者がいた可能性があります）。

ヒルの証言は上司のジョセフ・ボナボロンタが事実であると認めています。また、先述した各地で国内テロ犯罪が活発化しているように見せるカラクリのワシントン支部が捜査を主導していることも認めています。

内部告発があったからこそ明らかになったことで、各地で同様の証拠のない捜査ファイルの作成が行われているのではないでしょうか。

第3節：爆弾魔の真実

■軽視される重要イベント

1月6日事件はトランプサポーターの責任ばかりが強調されますが、そもそもあそこまでの暴動の発端になったのはセキュリティの不備、つまり不十分だった警備計画であり、その追及もされるべきです。

実際、先述の『Judicial Watch』が入手したアシュリー・バビット射殺に関する内部報告書によると、連邦議事堂の警備は通常議会の半分程度だったのです。これら警備計画の不備の詳細は後述しますが、ただでさえ少なかった人員を分散させることになったのが「2つの爆弾の発見」です。

トランプサポーターが集まる連邦議事堂の目と鼻の先にある共和党全国委員会本部、民主党全国委員会本部それぞれで時限式爆弾がひとつずつ発見されていたのです。

爆発すればどれだけの被害が出るかわからないため、爆弾処理と同時に付近住民への避難の呼びかけ、他にも不審物がないかの捜索のために、人員が割かれることに。ワシントンD.C.首都警察監査長官の報告によると、1月6日の議事堂警備の4チームのうち、3チームが爆弾対応をすることになり、議事堂の警備は1チームだけで行うことになってしまったのです。

大量の人が集まることがわかっていた場所、両政党の施設に爆弾を設置していることから、犯人はどちらの政党にも偏っていない政治的目的でない、シンプルに超絶危険人物であると推察できます。ＦＢＩは懸賞金をかけ犯人を捜し、情報提供も呼びかけていますが、未だに犯人は特定できていないことになっています。

■第一発見者が語ったこと

２０２１年１月12日に『Madison Magazine』のインタビューに爆弾の第一発見者が応じています。

彼女の名前はカーリン・ヤンガー、アメリカ連邦政府機関の職員で、この日は昼の休憩時間を使ってコインランドリーに向かう途中でした。

連邦議事堂から２ブロックしか離れていないアパートメントに住んでいるのですが、共和党全国委員会本部のゴミ箱の横に何かが落ちているのを見つけたといいます。ヤンガーは「ゴミかリサイクルだろう」と思ったのですが、近くでよく見てみると、タイマーに繋がったパイプ型の爆弾だったのです。

民主党全国委員会本部の横にあるベンチのすぐそばで２個目の爆弾を発見したのも通行人で、警備員に「バックパックを背負った通行人」が警告したことが報じられて

爆弾が発見されるまでのタイムライン

1月5日	19時30分〜20時30分ころ、爆弾が設置される（FBI公式見解）	
1月6日	9時30分	民主党全国委員会周辺を探知犬が検索
	10時00分	『Capitol South 駅』で不審物発見
	11時14分	連邦最高裁番所付近で不審物発見
	11時15分	『Second Street NE』で不審物発見
	11時25分	カマラ・ハリス次期副大統領が民主党全国委員会に到着
	11時57分	トランプ大統領が演説開始
	12時40分	共和党全国委員会付近で爆弾発見
	12時45分	議事堂警察本部のカメラが「壁のような大群」を議事堂西側で確認
	12時48分	『First street SE』で不審物を発見
	12時52分	共和党全国委員会付近住民に避難指示のための戸別訪問開始
	12時53分	レイ・エップスの耳打ちと最初の暴徒化
	13時5分	民主党全国委員会で爆弾発見
	13時10分	トランプ大統領の演説が終了
	13時14分	カマラ・ハリスが民主党全国委員会から避難

民主党全国委員会で
発見された爆弾

共和党全国委員会で
発見された爆弾

出典：FBI ホームページ
https://www.fbi.gov/wanted/seeking-info/suspected-pipe-bombs-in-washington-dc

います。

この通行人が何者かはわかっていないとされていましたが、2024年1月17日に『Blaze Media』が下院議員スタッフの話を根拠に「議事堂警察の私服警察官だった」と報じ、2022年1月11日に1月6日事件調査委員会で、ショーン・ギャラハー議事堂警察副署長代行が、「対抗監視チームが発見した」と宣誓証言していたことが明らかにされました。

ちなみに、ヤンガーは商務省の職員で、政府機関と民間企業が一体になっている組織〝FirstNet Autority〟のプロジェクトマネージャー。2020年12月15日にFBIが9200万ドルの予算を投入することが発表されていました。

■爆弾魔の謎

ふたつの爆弾は通行人が偶然見つけたことになっています。しかも、抜群のタイミングで発見していて、多くの謎があります。

まず、シークレットサービスの記録によると、爆弾の設置された民主党全国委員会本部に11時25分に「警護対象者」が到着し、そのための周辺確認をしていたのです。この警護対象者は、後にカマラ・ハリス次期副大統領だったことが判明し、13時14分に建物から脱出、避難しています。

世界最高峰のアメリカ要人警護のスペシャリスト集団シークレットサービスが、通行人が見つけられるようなものを見落としていたということなのでしょうか?

発見された爆弾はダイアル式のキッチンタイマーが使われていて、発見時に残り20分で止まっていました。発見時刻が12時40分で、〝偶然〟にも、ちょうど連邦議事堂で上下両院合同議会が始まり、選挙人票の承認が行われる時刻ぴったりだったのです。

このキッチンタイマーの最大設定可能時間は1時間。つまり、前日に設置している時点では、５日の夜のうちに爆発させるつもりが、〝偶然〟にも残り20分でキッチンタイマーが壊れ、〝偶然〟にも選挙人票の承認が始まるタイミングで発見されていたということ。

遠隔操作で爆発させるための機能はありませんでした。

また、この爆弾が発見された直後の12時45分、議事堂警察の報告書によると、突如として「壁のような大群」のトランプサポーターたちが議事堂に向かってきていました。（トランプ前大統領の演説は13時10分ごろまで続いています）。

12時53分には、後述する大男レイ・エップスがライアン・サムセルの耳元で何かを囁《ささや》き、最初の暴徒化が発生。

そして、13時5分に民主党全国委員会本部で2個目の爆弾が発見されたのですが、随分と偶然に偶然が重なったものだと思わざるを得ないですね。

■爆弾魔公開捜査情報は改竄されている

２０２２年3月9日にジム・ジョーダン下院議員がクリストファー・レイＦＢＩ長官に説明を求めるレターで内部告発者から情報を得たことを明らかにしました。内部告発者のＦＢＩ高官によると、２０２２年2月7日にＦＢＩワシントン支部から全米支部に、爆弾魔の特定のための本格的な捜査をするように指示が出ていたのです。

先述のとおり、大量の人が集まるとわかっている場所に爆弾を設置する凶悪犯罪者。それを約1年にわたって放置し続け、その代わりにＦＢＩが全力で追いかけていたのは、ドアが解放され、警察が見守る中、平和的に連邦議事堂内を歩いていただけの人々を、ＳＷＡＴ部隊を投入してまでも追いかけ続けていたのです。

ＦＢＩは3万9000点以上の映像を入手し、爆弾魔の特徴や爆弾設置前後の動きを分析、捜査情報を公開し、情報提供を呼び掛けています。

本項を読み進める前に、まずはＦＢＩが実際に公開している動画を視聴することをおすすめします。見出しにもしましたが、このＦＢＩの動画は確実に〝改竄〟されています。

動画では、住宅街を歩く爆弾魔の様子、爆弾を設置したベンチ付近でウロウロしたり座っている様子などがあるのですが、場面ごとに見比べてみると動画の〝滑らかさ〟がまったく違うことに気づきます。

これは動画の「フレームレート」が違うため。動画は連続した静止画の連続により動いているように見えています。フレームレートは「ｆｐｓ」で表し、これは〝frame per second〟（1秒間のフレーム数）を短縮したものです。フレームレートが高ければ滑らかに、低ければカクカクした動

監視カメラ映像リンク先

https://www.fbi.gov/contact-us/field-offices/washingtondc/news/press-releases/fbi-washington-field-office-releases-video-and-additional-information-regarding-the-pipe-bomb-investigation-090821

画になります。

市販されている監視カメラのフレームレートは12fps、業務用で30～60fps、古代種でも8fpsはあると言われています。

物理セキュリティ技術の専門機関IPBMの2021年1月18日調査報告によると、一般的に出回っている監視カメラのフレームレートは11～20fpsが70％と大半を占め、6～10fpsは13％、1～5fpsのものは存在していませんでした。

1972年にアポロ16号が月面上陸したときの映像のフレームレートは12fpsで（本当に上陸したのか議論は横に置いておきましょう）、多くのガソリンスタンドで使用されている監視カメラは15fpsが多いということです。我が家に可愛いねこが3匹いるのですが、外出中の様子を見るためにアマゾンで約6000円で購入して監視してみたところ、テーブルに上るなどのやりたい放題の悪事を明かした家庭用監視カメラは15fpsです。

では、爆弾設置現場を映した民主党全国委員会本部に設置された監視カメラのフレームレートはいくつか？

「1・2fps」です。

民主党のとんでもない政策により、連邦議員やＦＢＩ捜査官ですら強盗被害に遭い、バイデン家族の警護をしていたシークレットサービスが襲撃を受けるような街がワシントンＤ．Ｃ．です。

民主党全国委員会本部という、重要人物が利用するような場所に、ガソリンスタンド以下の性能、というかそもそも存在しているかもわからないような低性能カメラを設置するものでしょうか？

フレームレートに細工をした理由は、おそらく爆弾魔の顔が見えないようにするためだと考えられます。爆弾魔がカメラに最も近づくところが、木の枝と暗さが理由なのかぼやけて見えなくなっているのです。

爆弾魔事件で最も重要なのが「爆弾を設置する瞬間」です。

民主党全国委員会本部に前日の爆弾が設置された場所にはベンチが２つあります。爆弾魔は民主党全国委員会本部に19時40分ころと19時52分の２度来ています。１度目はベンチに座って休憩をしているように見え、２回目に爆弾を設置したと思われます。

ＦＢＩの公開している動画では、１回目と２回目で角度が違うカメラ映像が採用されています。この別々の動画を選んでいるところに悪意があるようにしか思えないです。

左翼メディアMSNBCですら指摘していますが、わざわざ「爆弾を設置している手元が、茂みで隠れて見えない」角度の映像が使われています。

1回目の不自然にカクカクしている映像には、確実に爆弾を設置する映像が映っているはずです。

しかし、あえて犯行現場を見えなくしている理由は、爆弾が設置された時刻をミスリードするためではないでしょうか。

本当に爆弾を設置したのは前日だったのでしょうか？

■爆弾魔をFBIは特定していた

FBIの爆弾に関する公式見解は「いつ爆発してもおかしくなかった」ですが、この公式見解に真っ向から反対することを元FBI捜査官のカイル・セラフィンが主張しています。

セラフィンは爆弾魔捜査を担当していた一人で、2023年5月12日、『ワシントン・タイムズ』にその捜査内容を明かしているのです。2022年4月にコロナワクチンを接種していないことで停職処分を受け、1年後に解雇されたため、自由に言いたい放題言えるようになったのでしょう。

まず爆弾に関しては、「どちらの爆弾も、必要なものは揃っていたが、正確に組み立てられていなかったために、爆発する危険性はなかった」と言います。FBIの公式見解と食い違うのです。

さらに、FBIは爆弾魔に繋がる情報の特定も完了していました。

監視カメラ映像を解析したところ、鉄道を使い移動していたことを特定、〝MetroRail SmarTrip〟カードという、日本のSuicaやmanacaやICOCAのような交通用ICカードを使用し、ワシントンD.C.の隣にあるヴァージニア州北部の駅で降車していたことを把握していたのです。駅で降りた後、乗った車のナンバープレートも特定していました。

セラフィンの証言によると、カードの購入者は別人で、ヴァージニア州北部のタウンハウスに住む元空軍最先任上級曹長（下士官兵トップ）だったとのこと。購入したのは1年前で、購入後にカードを使用した形跡はありませんでした。

この人物は機密情報にアクセスできるセキュリティクリアランスを持つ人物だったこともつけくわえておきます。

セラフィンら捜査チームは、爆弾魔特定に重要人物となる元空軍兵の内偵を2日間実施。いざ事情聴取に行くぞ、というタイミングでＦＢＩ上層部から「事情聴取するな」という指示。そして、セラフィンらはなぜか捜査チームから外されることになってしまったのでした。ナンバープレートがわかっているということは、おそらく爆弾魔の特定もできているでしょう。

ＦＢＩ長官をはじめとする重要関係者は、何度も議会に召喚され、1月6日事件に関する捜査の謎の追及を受けています。

どのような追及を受けようと、彼らは「捜査に関することはコメントできない」というマジックワードを連発、このような疑惑追及から逃げることができています。

当時のＦＢＩワシントン支部のトップだったのは、スティーブン・ダンツォーノ。２０２３年6月7日、下院司法委員会がダンツォーノを召喚し、1月6日事件捜査に関して宣誓供述させ、衝撃的な事実が明らかにされました。

ＦＢＩが公開している爆弾魔の映像を見ると、スマートフォンを使用していることが確認できます。スマートフォンは位置情報を発信し続けているため、どのような経路で移動したのかを特定することが可能です。

爆弾魔は夜の人通りの少ない時間に単独で行動していたため、特定は容易だったよう。ところが、ダンツォーノの証言によると、爆弾魔のデータだけ〝破損〟していたというのです。

爆弾発見者の事情聴取すらしていないということも明かされ、セラフィン元捜査官の証言の信憑性が増すのではないでしょうか。

ちなみに、ダンツォーノはミシガン州知事誘拐未遂事件のおとり捜査を指揮していたデトロイト支部から、誘拐未遂事件の直後に昇進し、ＦＢＩ本部のお膝元であるワシントン支部トップに就任しています。予行練習でもしていたのかと思ってしまいますが……。

もうひとつ話をつけ加えると、２０２４年1月17日に保守系メディア『Human Events』がＦＢＩ関係者からＦＢＩが爆発物訓練で使用している部品の画像を入手したのですが、１月６日に発見された爆弾とまったく同じ部品が使われています。

■不審物の発見された場所から見えること

爆弾魔事件が重要な理由は、ただでさえ薄かった警備を分散することになったから。爆弾以外にも、いくつかの〝不審物〟が当日発見されていて、それらの発見場所を地図で確認してみると、「あるひとつの共通点」に気づきます。爆弾と不審物の発見場所が、議事堂の東と南東に集中しているのです。

トランプ前大統領が演説していたのはホワイトハウス前の広場で、連邦議事堂から見て西。そして、トランプサポーターが集まる連邦議事堂前は西。すべての爆弾や不審物が発見されている場所が、トランプサポーターが集まる場所の正反対であり、注意を逸らせようとしているようにしか見えません。

当時の議事堂警察署長スティーヴン・サンドも同じことを言っていて、2023年8月10日に公開されたタッカー・カールソンのインタビューで、「爆弾は警備を分散させることが目的だったのではないか」と話しています。

ワシントンD.C.首都警察監査長官マイケル・ボルトンは2022年5月に下院政

府監督委員会の公聴会で、「爆弾が分断目的だった場合、成功したと言える」と証言し、サンド元署長と同じ考えを持っていることを明らかにしました。

先述のとおり、爆弾発見により、4チーム中3チームが爆弾対応をすることになり、議事堂警備はわずか1チーム。しかも、手薄になったと同時に「壁のような大群」が出現し、最初の暴徒化が発生。民主党全国委員会本部に関しては、普段から人通りの多い場所にもかかわらず誰も気づかず、さらにはハリス警護のためのシークレットサービスが11時半ころに周辺検索をしていたにもかかわらず見落としていた。

これは単なる「偶然」や「陰謀論」として片づけていいことではないでしょう。

爆弾と不審物の発見場所

■不自然すぎる現場

爆弾魔の捜査が始まり3年が経過した2024年、そもそも爆弾が前日に設置されたというFBIの物語が誤りである可能性を示唆する新情報が出てきています。

民主党全国委員会に設置された爆弾は、建物の出入り口のすぐそば。ジャーナリストのジュリー・ケリーが入手した、民主党全国委員会出入り口を映した監視カメラ映像によると、9時29分に警察官と思われる人物が、爆発物探知犬による周辺検索をしていたことが明らかにされました。通りかかった私服警察官が偶然発見できるようなものを、シークレットサービスと探知犬が見つけられないものでしょうか。

爆弾の存在を知らせたときはさらに不審。

監視カメラ映像によると、13時5分に私服の議事堂警察官が、建物前に駐車している首都警察のパトカーに接触。13時6分にその隣にあった黒いシークレットサービスの車にも接触。

爆弾のことを聞いた2分後の13時7分に気だるそうに首都警察官がパトカーから降

車していたのです。「爆弾のようなものがある」と聞いて、ここまで余裕を持った行動をできるのでしょうか。13時７分～９分にかけて、爆弾がある場所の周辺を複数の警察官とシークレットサービスがウロウロ。子どもを含めた通行人が爆弾のすぐそばを通っても何も警告なし。

遠隔操作できるかどうかも不明で、いつ爆発するかもわからない爆弾の近くをあそこまで余裕たっぷりにノソノソと動けるものでしょうか。偽物と知っていたからこそのことではないのか……。

監視カメラ映像は議事堂警察の本部から遠隔操作で動かすことが可能ですが、13時半ころに爆発物処理のための戦術無人地上車両が投入されたときから監視カメラの向きが変えられ、ほとんどが現場が映らないようにされていました。かろうじてひとつだけ現場を捉えているカメラがありましたが、爆弾のあるとされている場所が映像の端っこのため、非常にわかりにくい。

また、共和党全国委員会の爆弾は正確には、「Capitol Hill Club」という、共和党全国委員会に隣接した施設の裏で、爆弾を設置した現場の監視カメラ映像があるはずですが、なぜかＦＢＩは公開していません。

ちなみに、シークレットサービスの使用していたスマホは、2021年1月27日に端末初期化をしたことですべてのテキストメッセージが抹消されています。1月16日に民主党議員団が証拠保全命令を出していましたが、無視。爆弾発見現場のエージェントの報告や、警護対象のカマラ・ハリスの避難先などのやりとりをしていたはず。爆弾魔事件は公式に発表されている〝物語〟を信じることが難しいような事実が大量に隠されているのです。

第4節：トランプに責任を押し付けた人々

■1月6日事件調査委員会

下院議会に設置された「1月6日事件調査委員会」は、「トランプに責任があり、刑事訴追されるべき」という結論の154ページの報告書と845ページの最終報告書をまとめています。はっきり言って、単なるゴミの山です。

1月6日事件調査委員会は2021年に連邦下院議会に設置され、7人の民主党下院議員、6人の共和党下院議員で構成されるはずでした。

　当時の共和党下院リーダーのケヴィン・マッカーシーは、共和党側からのメンバーにジム・ジョーダン下院議員、ジム・バンクス下院議員という、民主党にとって最悪な人選を発表。

　民主党が1月6日事件調査委員会を立ち上げる理由が、真相解明ではなく、トランプ狩りというのは明白だったため、内部から委員会をかき乱すことが可能な強烈メンバーを投入しようとしたのです。噂では、マージョリー・テイラー・グリーン下院議員という、民主党からしたら怪物のような強烈議員も入れようとしていたと言われています。

　当時の下院議長ナンシー・ペロシは、下院議長の権限で異例の共和党側の人選を拒否することを決め、その結果共和党側は調査委員会をボイコットすることになりました。

　ところが、共和党の裏切り者、リズ・チェイニー下院議員とアダム・キンジンガー下院議員はペロシの声掛けに応じ、1月6日事件調査委員会のメンバー入りすることを決めています。

この二人は、トランプ前大統領の2回目の弾劾発議に賛成している反トランプ。特に副委員長を務めたチェイニー下院議員は、民主党スタッフですら不満を漏らすほどのやりたい放題だったよう。

『ワシントン・ポスト』が2022年11月23日に、15人の1月6日事件調査委員会のスタッフに取材をし、「チェイニーが最終報告書をドナルド・トランプ前大統領に集中させようとすることに怒りと幻滅し、委員会がワイオミング州選出の退任議員の政治的未来のために使われていることに憤慨している」と、民主党でさえドン引きだったのです。

1月6日事件調査委員会は、トランプ前大統領の責任追及するチーム、諜報分析・法執行機関の問題を追及するチーム、カネの流れを探るチームなどに分かれて約2年の調査をしていましたが、最終報告書はトランプの責任追及で大半を占めていたのは共和党であるチェイニーの指示によるものだったのです。

1月6日事件調査委員会は、超党派とは名ばかりの完全民主党・トランプヘイトが支配する委員会であり、「トランプが悪い」という結論ありきで作られた報告書は報告書ではなく、単なる台本のようなもの。

「トランプが悪かった」という物語で隠されたのが、「民主党の責任」です。

■ナンシー・ペロシ下院議長の責任

“I have no power over the Capitol Police”
私に議事堂警察に口出しをする権限はない。

これはナンシー・ペロシ下院議長の2022年2月9日の会見での発言です。ペロシは1月6日の警備に何ら関わることはできず、共和党から出ている連邦議事堂警備計画不備の責任追及を否定する発言でした。

これは嘘です。

たとえば1月6日事件の直後、下院議会に意味もなく金属探知機が設置されました(自分は使っていなかったことがバレて炎上していましたが)。

バイデンが大統領に就任してからしばらくの間、意味もなく連邦議事堂の周りにフェンスを立てていましたが、これもペロシの指示でした。議事堂の警備に関する権限を有していることがわかります。

2022年12月21日、共和党が独自に1月6日事件をセキュリティの観点から調査をすすめていた最終報告書が公開され、ペロシが警備計画の立案に関与し、1月6日事件を引き起こした責任を負うべき人物のひとりだったことが明らかにされました。

■連邦議事堂警備の仕組み

共和党の報告書が理解しやすいよう、まずは議事堂警備の仕組みを説明します。

議事堂警備は主に4人で構成される連邦議事堂警察委員会が関わっています。

①下院守衛官（下院が指名：当時はポール・アーヴィン）

②上院守衛官（上院が指名：当時はマイケル・スティンガー）

③議事堂建築監（大統領が指名：当時はブレット・ブラントン）

この3者が議決権を持ち、4人目の④議事堂警察署長（当時はスティーヴン・サンド）は投票権を持たないメンバーとされています。

議事堂建築監は法執行機関ではないため、発言権は弱いです。

さらに連邦議事堂警察委員会は下院議院運営委員会と上院議事規則議院運営委員会の監督下にあります。

ざっくり言いまして、警備計画の立案をするのは投票権のある①〜③（実際は③は権限が弱い）で、④議事堂警察署長は計画に基づいて、警備を実行する役割にあります。

■1月6日の警備計画を立てたのはペロシの側近たち

共和党は下院守衛官ポール・アーヴィン（下院＝ペロシが指名）やペロシ首席補佐官をはじめとする主要スタッフのテキストメッセージやメールのやりとりを入手。遅くとも12月初旬に1月6日の警備計画検討をしていたことがわかりました。

重要人物はふたりいて、ひとり目はジェイミー・フリート。ペロシのスタッフであり、下院議院運営委員会（連邦議事堂警察委員会を監督）スタッフの民主党トップ。

もうひとりは、テリー・マッカローでペロシの主席補佐官です。

２０２０年12月8日、15日、21日、２０２１年1月4日、5日、6日午前中と少なくとも計6回は警備計画に関するミーティングを実施していましたが、すべて〝共和党スタッフ抜き〟で実施されていました。

1月4日、ジェイミー・フリートはアーヴィン守衛官とサンド議事堂警察署長に警備計画を詰めるミーティングの要請をします。アーヴィン守衛官はフリートに返信で、共和党スタッフもミーティングに呼ぶ許可を求めましたが、フリートからの返信はありませんでした。つまり、意図的に共和党スタッフを警備計画に関与させないようにしていたのです。

1月4日16時28分、アーヴィン守衛官はフリートにテキストで「テリー（ペロシ主席補佐官）の修正案を組み入れる。これからジェン（下院議院運営委員会の共和党スタッフトップ）に送るから、〝驚いたフリ〟をしてもらってもいいか」と送っています。これに対しフリートは〝I'm startled.〟（びっくりした）と、おどけたような返事をしていました。

ペロシ側近たちにより、共和党抜きで警備計画が立てられていたのです。

■前日に警備を薄くしたのは下院守衛官（＝ペロシ）

写真：AP/アフロ

議事堂建築監スタッフのヴァレリー・ハスベリーは2022年4月14日、1月6日事件調査委員会の聴取を受けています。公開された宣誓供述スクリプトによると、1月6日事件の前日に理解不能な要請を受けていたことを明かしていました。

ポール・アーヴィン守衛官から、Bike Racks（柵）を約500個撤去するように指示が出ていたのです。

ハスベリーの供述にもありましたが、議事堂建築監は連邦議事堂警察委員会のメンバーではありますが、法執行機関ではないため発言権は弱い。そのため、守衛官からの指示に従うのが基本なのですが、前日に来た指示にハスベリーや議事堂建築監トップのブラントンは納得していませんでした。1月5日の夜のメールのやりとりで、ハスベリーは「セキュリティの観点から理解できない」と言い、ブラントンは「間違いなく非論理的」と非難していました。

ハスベリーによると、アーヴィン守衛官とサンド議事堂警察署長が現場の視察をした結果、アーヴィン守衛官からの要請で柵５００個の撤去をすることになったのですが、ふたつの理由で納得できませんでした。

まず、11月、12月と議事堂周辺で大規模な抗議活動がありました。そのときは柵は配置されていて、すでにセキュリティ上の問題のない成功例になっていたのです。

また、「上院議会側に比べ、下院議会側の警備が薄くなっている」「柵を撤去しないと、袋小路になってしまう参加者が出かねない」という理由で柵の撤去要請があったのですが、ハスベリーもブラントンも理解不能だったと言います。なぜなら、アーヴィンからの指示は「下院議会側の警備が薄いから、上院議会側も薄くしよう」というものだったからです。

これには1月6日事件調査委員会のスタッフも理解に苦しんでいる様子がスクリプトのやりとりからも伝わってきました。端的にまとめますと、ポール・アーヴィン下院守衛官（＝ペロシ）の意味不明な理由づけにより、１月６日事件の〝前日〟に、５

００個の柵が撤去され、警備が薄くされたところがあったのです。

■ワシントンD.C.の州兵派遣

前例のない大量の人が集まった2021年1月6日は、ワシントンD.C.内の警備を管轄する議事堂警察や首都警察だけでは対応しきれないため、ワシントンD.C.市長ミュリエル・バウザー（民主党）は３４０人の州兵派遣要請し、1月4日に国防長官から承認が出ていました。

1月6日にトランプサポーターの一部が暴徒化した後、追加の州兵派遣が遅れていたことが指摘されていますが、これにもペロシが絡んでいます。

州兵は各州のもつ軍隊で、州知事が州内での指揮権を持ちますが、ワシントンD.C.は州ではありません。そのため、ワシントンD.C.市長は州兵派遣「要請」をすることができるだけ。州兵が必要な場合、陸軍長官に派遣要請をする必要があり、その後、陸軍長官は国防長官に最終承認を得る必要があります。

バウザー市長は州兵の派遣要請をしましたが、いくつかの条件をつけていて、非武装であることや、議事堂から遠い場所で交通整理などの対応に当てること、同時最大稼働人数を114人にすることなどの条件付きの要請でした。

■二転三転する証言

マーク・メドウズは、最後のトランプ前大統領の大統領首席補佐官として、また、大統領退任後も最側近としてトランプ前大統領を支えているひとりです。

メドウズ首席補佐官は2021年2月のFOXニュースのインタビューで「トランプ前大統領は1万人の州兵派遣要請をしていた」と話し、5月12日の下院政府監督委員会公聴会でクリストファー・ミラー当時国防長官代行（＝ワシントンD.C.州兵の派遣許可を出す立場）は「トランプ前大統領から、憲法で保障された権限を行使する人々を守れるようになんでもやれ」と指示を受けたと証言。

2022年6月6日、FOXニュースのインタビューにミラー国防長官代行、カッシュ・パテル元国防総省高官が出演し、ふたりともが「宣誓供述でトランプ前大統領が2万人の州兵を派遣要請をしたと証言した」と認めていました。

ところが、７月26日、１月６日事件調査委員会が公開したミラー国防長官代行の証言音声によると、「メドウズ首席補佐官の発言（１万人の州兵派遣）を聞いて驚いた。そんな命令は一切受けていない」と州兵派遣に関するそれまでの自らの発言を全面否定したのです。

これに対し、キース・ケロッグが真っ向から反論しています。ケロッグはペンス前副大統領の当時国家安全保障補佐官を務め、現場にいたと主張しています。１月６日事件調査委員会でその旨証言したとのことで、ミラー国防長官代行だけでなく、ケロッグの証言スクリプトを公開するように呼びかけました。

１月６日事件調査委員会は宣誓供述スクリプトや動画のほとんどを公開していません。動画に関しては破壊（隠滅）しているため、それぞれの供述の裏取りをすることができない状態です。

■州兵派遣を遅らせたのは下院守衛官（＝ペロシ）

１月６日事件の直後、錯綜した情報の中で「トランプが州兵派遣を拒否し、ペンス副大統領の命令で州兵が派遣された」と報じられていました。後にペンス前副大統領が命令をした事実はなく、クリストファー・ミラー国防長官代行の相談を受けていただけということでしたが、州兵派遣が遅れたこと、そもそもの警備の不備は問題視されました。

２０２１年６月４日に議事堂警察がまとめた報告書のタイムラインや共和党の報告書、サンド警察署長の証言をもとに１月６日までを振り返ってみると、下院守衛官とペロシの責任が浮き彫りになります。

次ページのタイムラインでわかるとおり、州兵の派遣要請を下院守衛官は何度も拒否し、大混乱の中でも即時の州兵派遣要請許可を出しませんでした。サンド警察署長は「失われた71分間」で１月６日の暴動は制御不能の事態になったと言います。

また、州兵が到着したときはすでに近隣州の警察やＦＢＩ、ＡＴＦのＳＷＡＴチームなどが議事堂をほぼ制圧済みで、州兵はメディアが使うための写真撮影に来ただけのようなものでした。

州兵派遣要請にまつわるタイムライン

2020年 -------

12月18日　：議事堂警察が準備を開始。

2021年 -------

１月２日　：国防総省のキャロル・コービンが議事堂警察副署長と連邦防護局に州兵派遣要請を検討しているかの確認テキストを送付。

１月３日　：サンド警察署長の判断で、〝現時点〟では不要と回答。

１月４日　：サンド警察署長は前日の州兵不要という回答後に、１月６日の更新された分析報告を受け、州兵の派遣要請が必要と判断。上院・下院守衛官に州兵派遣要請の許可を求めるも、アーヴィン下院守衛官が「州兵が連邦議事堂に立つことの見栄えがよくない」と拒否。サンド警察署長はウォーカー長官に連絡するも、州兵の派遣要請をする権限はないため、進展はなし。

１月６日

12時40分～　：爆弾発見の報告と暴徒化。

13時４分　：上院守衛官に州兵派遣要請の許可を求める電話。

13時９分　：下院守衛官に州兵派遣要請の許可を求める電話（１回目）。

13時22分　：下院守衛官に州兵派遣要請の許可を求める電話（２回目）。

13時49分　：ウォーカー州兵長官に即時に州兵を派遣できるように準備するよう通達。

14時３分　：下院守衛官に州兵派遣要請の許可を求める電話（３回目）。

14時10分　：連邦議事堂警察委員会（上院・下院守衛官）が緊急事態宣言を承認し、州兵派遣要請することを許可。

14時26分　：サンド警察署長、ワシントンD.C.安全保障局、首都警察署長、ワシントンD.C.州兵長官、D.C.市長、陸軍参謀らと緊急ビデオ会議し、ウォルター・ピアット陸軍参謀から「我々は州兵が連邦議事堂に立つ〝見栄え〟が好きではない」という衝撃的な発言が飛び出し、「陸軍長官から派遣要請の承認が下りるとは思えない」と伝えられる。

14時30分　：ワシントンD.C.州兵からの要求に従い、国防総省に送付する正式な州兵派遣要請の書面を作成。

15時４分　：国防総省が州兵派遣要請を承認。

15時９分　：メリーランド州モントゴメリー郡警察を派遣（到着時間不明）。

15時51分　：ヴァージニア州アーリントン郡警察の応援部隊が到着。

16時８分　：ヴァージニア州警察とフェアファックス警察の応援部隊到着。

16時19分　：上院議会内の暴徒を制圧。

17時40分　：州兵到着。

20時00分　：連邦議会の安全を確認。

※到着時間が不明ですが、州兵到着前後に他に応援に駆け付けていたのは、ニュージャージー州警察、ヴァージニア州プリンスウィリアム郡警察、メリーランド州プリンスジョージ郡警察

■ワシントンD.C.市長の責任

連邦議事堂のあるワシントンD.C.の市長は民主党のミュリエル・バウザー。BLM暴動を支持していた典型的な左翼思想の持ち主で、トランプ嫌いです。

2021年1月5日、バウザー市長は司法長官、国防長官代行に公式レターで「ワシントンD.C.は他の連邦法執行機関の派遣を要請していない。仮にそのような計画が進行中であれば、首都警察に直ちに通知・協議することなく、追加で派遣することを推奨しない」と通達していました。

つまり、「我々は準備万端だから、連邦政府は余計なことをするな」と通達していたのです。この公式レターは現在もツイッターに残されています。

実際は全く準備ができていなかったわけですが、バウザー市長の責任追及の声は民主党からは出てきていません。

■国土安全保障省諜報分析部門の責任

十分な警備がなかった理由のひとつが、対策をする必要を示す諜報分析が伝わっていなかったからでした。各政府機関の事後調査で明らかにされたのが、お粗末すぎる諜報分析担当官の対応、暴徒化の危険を示す諜報分析の軽視、意図的と思わざるを得ない諜報分析の隠蔽でした。

2022年3月4日に国土安全保障省監査長官がまとめた報告書、報告書に登場する若手諜報分析官に取材をした『ヤフーニュース』の記事によると、12月時点で若手諜報分析官が暴徒化する危険性を警告し続けていたにもかかわらず無視され、1月8日にようやく諜報分析報告がまとめられるという、信じられないようなことが起きていました。

国土安全保障省は9・11同時多発テロ事件を理由に新設された連邦政府機関で、その傘下にある『情報分析部』は、アメリカで唯一の連邦・州・地方・民間機関で安全保障の脅威情報を共有することが連邦法で定められた諜報分析機関。

諜報分析は諜報機関の独自情報網や内通者のようなスパイのようなものだけでなく、ネット上で公開されている情報の分析もしているのですが、21歳若手諜報分析官は2020年12月20日、ネット掲示板『Reddit』で地元の釣り場を探したところ偶然にも、政府転覆を話し合っているチャットグループを発見しました。

翌日、テロ対策ミッションセンター高官に報告したところ、「よく見つけた」と賞賛すると同時に、できるだけ早急に、〝Urgent〟（緊急）ラベルをつけ、公開情報収集部に報告するように返信を受けます。

公開情報収集部が政府機関や法執行機関に情報提供するための諜報分析報告書をまとめます。若手諜報分析官は、報告書提供先として、議事堂警察・FBI・ATF（アルコール・タバコ・火器及び爆発物取締局）・シークレットサービス・ワシントンD.C.のすべての行政機関を指定し、「迅速な対応が必要」と付け加えて報告しました。

翌日、公開情報収集部が諜報分析をまとめたかどうかを確認したところ何もなし。12月29日～1月6日まで毎日確認するけれども音沙汰なし。6日の午前中に再度確認するも時すでに遅し。結局、1月8日に報告書はようやくできあがりましたが、もはやや意味のないゴミでした。

国土安全保障省監査長官の報告書によって、公開情報収集部のお粗末な対応が明らかになりました。公式に公開されている報告書は黒塗りされている箇所があるのですが、『ヤフーニュース』は若手諜報分析官から黒塗りなしの報告書を入手していて、隠されていた部分も露わにされています。

たとえば、1月1日の公開情報収集部スタッフのテキストで「すべての出入り口を示した地図を見た。本当に政治家を傷つけようとするかもしれない。1月6日は荒れそうだ」と言い、1月3日のテキストでは「議会襲撃、銃の持ち込み、死を覚悟し、ロープで政治家を吊るすことを話しているが、それでも報告基準を満たしていない(笑)」とありました。『(笑)』の部分は、黒塗りで隠されていました。

これらのやりとりから、わざと諜報分析を出さなかったように思えますが、監査長官の報告書では「経験とトレーニング不足により、報告すべきかどうかの判断ができなかった」とされています。さらに、「プラウドボーイズを知らず、報告すべきと判断できなかった」ともありますが、信じられません。

トランプサポーターの中で過激派と呼ばれているプラウドボーイズを知らない諜報

分析官など存在するとは思えません。日本でたとえると「岸田文雄を知らないけれど、私は日本政治アナリストです」と言っているようなものです。

1月5日、情報分析部は「特筆すべきことはない」としていましたが、この当時の情報分析部のトップはジョセフ・メイハーで、後に1月6日事件調査委員会のスタッフに選ばれます。

諜報分析の不備を調査されるべき人が、調査する側に回っているのです。『Vice』の2021年8月12日の報道によると、この隠蔽工作ともとれる人事を推したのは反トランプの急先鋒リズ・チェイニーでした。

■議事堂警察諜報分析部門の責任

議事堂警察の諜報部門は、上層部のふたりが諜報分析を隠していたことが指摘されています。2021年6月8日、連邦上院国土安全保障委員会と上院議事規則議院運営委員会の合同報告書が公開され、「12月21日時点で、議事堂警察諜報部門は、暴動に発展する危険性を示す諜報分析をもっていた」とし、「ヨガナンダ・ピットマン議事堂警察署長補佐（諜報分析トップ）の証言によると、指令スタッフにのみ共有していた」と報告されていました。

しかし、『ポリティコ』が入手した元議事堂警察関係者の９月28日付の16ページの書簡によると、ピットマン警察署長補佐の証言は嘘。実際は指令スタッフには共有せず、ピットマン議事堂警察署長補佐とショーン・ギャラハー議事堂警察副署長代行のみが把握していたのです。サンド警察署長も諜報分析の存在を知らされておらず、仮に知っていれば、州兵派遣要請は承認された可能性がありました。

また、ギャラハー議事堂警察副署長代行は１月５日にＦＢＩから具体的な暴力行為を呼びかける投稿や連邦議員が通過すると思われる経路などを示した地図のような、暴動に繋がりかねない危険な投稿がある報告を受けていたことが、公開された内部メールで明らかにされました。ギャラハー議事堂警察副署長代行はこの報告をサンド議事堂警察署長にはせず、なぜか代わりに民主党連邦上院議員院内総務（リーダー）のチャック・シューマーの最側近のひとりケリー・ファドにメールで報告していました。

■不自然な昇進と懲罰

1月6日事件の後の人事に不審な点があるといわれています。

ここまで示してきたとおり、諜報分析の扱いに明らかな不備がありました。その責任を負うべき人々は全く責任をとらず、現場で奮闘していた人々は懲罰を受けているのです。

たとえば、スティーヴ・サンド議事堂警察署長は、ペロシと警察組合からの圧力を受け、即日辞任に追い込まれました。

上院議会の警備担当だったタリク・ジョンソン警部補は、無期限停職処分を受け、後に辞職。

ジョンソン警部補は勤続22年のベテランで、2020年選挙はバイデンに投票しました。上院議会に暴徒が迫る中、上院議員の避難判断をし、指令センターから許可を何度も求め続けたのですが、何も返答がなく、自己判断で上院議員の避難を始めることを決断しました。このとき、指令センターに責任者としていたのがヨガナンダ・ピットマン警察署長補佐だったのです。

ピットマン警察署長補佐は崩壊していく警備線を眺めるだけで、文字通り何もしていませんでした。

ジョンソン警部補はトランプサポーターが多く被っていた「赤いＭＡＧＡ帽子」を被っていた警察官として有名になり、それが原因で停職処分を受けました。

先述のとおり、ジョンソン警部補はバイデン支持者。赤いＭＡＧＡ帽子はトランプサポーターの悪ふざけで被らされたものだったのですが、ジョンソン警部補はトランプサポーターが話を聞いてくれるようになるのではないかと考え、そのまま赤いＭＡＧＡ帽子を被っていたのでした。

実際、ミリシア組織のひとつ『オースキーパーズ』のメンバーのふたりに議事堂内で身動きがとれなくなっている16人の議事堂警察官の救出の手伝いの依頼をすることに成功しました。

ジョンソン警部補は機転を利かせ、現場でできる最善の策を講じていたのです。

一方で、諜報分析を握り潰し、指令センターで何もしなかったピットマン警察署長補佐はサンド署長が辞任した後の署長代行に就任。指名したのはペロシでした。

それだけでなく、２０２３年2月からはカリフォルニア大学バークレー校の警察署長に就任、28万ドルの高給ポジションを確保。この大学がある場所はペロシの選挙区。

さらにさらに、2月に退職したことにするのではなく、２０２３年6月まで議事堂警察を無給休暇していることにすることで、議事堂警察官としての年金受給資格を受けられるという特別待遇つきです。

国土安全保障省の情報分析部で失態を犯したジョセフ・メイハーが、後に1月6日事件調査委員会のスタッフに選ばれたため、一切の責任追及を受けなかったのは先述のとおり。

ショーン・ギャラハー議事堂警察副署長代行は、議事堂警察署長補佐に昇進しています。

昇進している人と懲罰を受けている人を比べてみると、民主党にとって都合の悪い人が懲罰を受けているように見えるのは気のせいでしょうか。

第5節：覆面捜査官・内通者で溢れていた現場

■Fedsurrection

左翼民主党は1月6日事件を、〝Insurrection〟（反乱）という単語（実際は反乱という定義には当てはまらない）で呼んでいますが、1月6日事件の真実追及をする人々からは〝Fedsurrection〟という、Fed（Federal：連邦政府の覆面捜査官・内通者）と足し合わせた造語で呼ばれています。

理由は、1月6日事件の現場にはFBIや首都警察などの覆面捜査官や内通者が溢れていたことが明らかになっているからです。

スティーヴン・サンド議事堂署長は「覆面捜査官や内通者が現場にいることは知らされていなかった」と話し、ワシントンD.C.を管轄するFBIワシントン支部トップのスティーヴン・ダンツォーノは2023年6月7日の宣誓供述で「他支部からCHS（Confidential Human Source＝内通者）が派遣されていたことを、1月6日事件〝後〟に知った」「各支部にどれだけの内通者を送り込んでいたのかを把握するための聞き取りをした」と証言し、相当数のＦＢＩ関係者が1月6日事件の現場にいたと考えられます。

憶測の域を出ませんが、諜報分析が徹底して無視された理由は、暴動に発展させるために警備を薄くする必要があったからではないのかと考えています。

シンプルに底なしの無能たちが超大国アメリカ合衆国の諜報機関や首都を警備する重要ポジションを占めているとは思いたくありませんので、それくらいしか説明がつかないでしょう。

■覆面捜査官・内通者の数は？

法執行機関の覆面捜査官や内通者の数は捜査に関わる機密事項として、その全貌が公開されることはまずありません。ですが、メディアの報道や裁判資料で、その一端は見えてきています。

２０２１年9月25日、『ニューヨーク・タイムズ』が「少なくともひとりの内通者がプラウドボーイズ（ミリシア組織）にいて、内通者は議事堂内に侵入していた」と報じたのを皮切りに、内通者に関する報道が出てくるようになりました。

プラウドボーイズと並んでバイデン民主党司法省の魔女狩り対象になっているのがオースキーパーズ。このふたつの団体の主要人物たちは「煽動共謀罪」などで起訴・有罪判決を受けています。

この裁判の中で、弁護側が様々な捜査資料の提供を受け、プラウドボーイズ内だけで少なくとも８人のＦＢＩ内通者、ＨＳＩ（国土安全保障省傘下の捜査部門）の覆面捜査官が少なくとも19人、首都警察の覆面捜査官が少なくとも23人、ＦＢＩやＡＴＦの覆面捜査官や内通者が20人以上いたことが明らかにされたのでした。

共和党連邦下院議員クレイ・ヒギンズは、タッカー・カールソンのインタビューに「覆面捜査官や内通者は２００人はいたのではないか」と主張しています。

ヒギンズ議員は２０２３年11月15日の下院公聴会に召喚したクリストファー・レイＦＢＩ長官に２台のバスの写った写真を示し、「覆面捜査官が乗ったバスではないのか」と問いただしていました。何かしらの疑いがあってのことだと思いますが、執筆段階では真偽不明。後述するボディカムの様子から、ＦＢＩ限定ではなく、すべての連邦政府機関の覆面捜査官の数としては現実味のある数字だと思います。

■内通者は何をしたのか？

1月6日事件でＦＢＩ内通者だと確定しているのがグレッグ・マクウィルターです。ミリシア組織オースキーパーズの元ナンバー2でしたが、ＦＢＩ内通者だったことが明らかにされています。

マクウィルターはモンタナ州で武器屋を経営していましたが、1月6日事件の直後に、第三者に経営権を売却していたことが『デイリービースト』の２０２１年1月29日の報道で明らかにされています。

マクウィルターはオースキーパーズに割引価格で武器を供与することを持ちかけていました。つまり、ＦＢＩ内通者が〝自ら進んで〟危険団体と監視する対象に大量の武器を提供していたのです。ミシガン州知事誘拐未遂事件のときとまったく同じパターンではないでしょうか。

オースキーパーズの弁護団は２０２２年11月の裁判でマクウィルターを証人として召喚していましたが、裁判証言の前日にモンタナ州からワシントンD.C.に飛行機で向かう機内で心臓発作を起こし、救急搬送されています。命に別状はなかったとのことですが……。

プラウドボーイズ内のFBI内通者として確定しているのがケネス・リザードです。プラウドボーイズの代表エンリケ・タリオは、1月4日に「BLMの旗を燃やした罪(器物損壊)」で逮捕されていました。

その後、ワシントンD.C.から離れることを条件に保釈されたのですが、タリオを迎えに行ったのがFBI内通者のリザードでした。その後、リザードは地下駐車場にタリオを連れていき、もう一つのミリシア組織「オースキーパーズ」の代表スチュワート・ローズと引き合わせたのでした。「プラウドボーイズとオースキーパーズが共謀して国家転覆を目論《もくろ》んでいた」という物語にぴったりな行動ではないでしょうか。

内通者になることを拒否した結果、逮捕された人もいます。

陸軍特殊部隊グリーンベレーに所属していたジェレミー・ブラウンは、2020年11月にオースキーパーズに加入しました。12月にFBIの統合テロ対策タスクフォースが「ネットで投稿した件について聞きたいことがある」として自宅を訪れ、9日に近所のレストランで話をすることに。そこでブラウンはオースキーパーズのFBI内通者になるように勧誘されていたのです。

実際に自宅を訪問した際の監視カメラ映像と証拠の音声を『BANNED.VIDEO』のインタビューで公開しています。音声によると、FBI捜査官は1月6日に何かが起こるかのような口ぶりをしていました。

ブラウンは勧誘を断り、1月6日は議事堂屋外でオースキーパーズのボランティアとして警備員をしていました。1月6日に議事堂周辺にいた人々は、「立ち入り禁止区域への不法侵入」の軽犯罪で起訴されるケースが多く、ブラウンもその一人でした。軽犯罪ですから、出頭要請をすればいいものですが、先述のとおり、1月6日事件は手続き自体が懲罰的な意味合いを持たせてありますので、FBIのSWATチーム投入のような壮大な逮捕劇がされています。

2021年9月30日のブラウン逮捕は違う目的もあったようです。

FBIは20台の捜査車両でブラウンの自宅を急襲、逮捕状執行時に14台のブラウン家の監視カメラの電源を切らせ、5時間以上の家宅捜索を実施します。

そこで、違法な銃、手榴弾、米軍機密情報が発見され、ブラウンは1月6日事件とは別件で、銃や爆発物の違法所持や機密情報所持などの重犯罪合わせて10の罪で逮捕、

２０２２年に10のうち６つの罪で有罪判決を受けました。

銃の違法所持に関しては、憲法修正第２条の保障する銃所持の権利を主張して控訴していますし、銃を所持する権利に関しては話がズレますので横においておきまして、手榴弾と機密情報に関してはありえない事実が裁判で明らかになりました。

手榴弾も機密情報もＲＶ（キャンピングカー）の中から発見されたのですが、手榴弾はダクトテープでぐるぐる巻きにされていて、一部の粘着部分が露出。粘着部分を鑑定した結果、人毛・犬の毛・繊維・ふたりの男性のＤＮＡが検出されました。

しかし、人毛はブラウンのものでなく、犬の毛もブラウンの愛犬のものと違い、繊維もブラウン家のものとは一致せず、ＤＮＡもブラウンとは一致しませんでした。

ダクトテープから大量の証拠物が発見されているにもかかわらず、テープの下の手榴弾本体に指紋は一切ついていませんでした。

検察は米軍時代のものの可能性を指摘していましたが、戦地から帰国した米兵に対する厳しいチェックをかいくぐって手榴弾を持ち出すなど不可能。ＦＢＩはなぜか捜索前に、14台の監視カメラを切るように命令していたことを考えると……。

それでも陪審員は有罪評決を下しました。

機密情報に関してはＲＶ内で発見されたとして、その場で写真が撮られていて、裁判で証拠品として現場写真が使われました。裁判で発覚したのが、検察が証拠品として提示した写真の背景にある木目調のテーブルが、ブラウンのＲＶ内にも自宅にもないものだったということ。

こんなアホな凡ミスをするのかと呆れてしまいますが、陪審員はさすがにＦＢＩが仕込んだもの、つまり証拠の捏造《ねつぞう》があったと判断し、機密文書に関してはひとつを除いて無罪評決を出しています。

ひとつだけ有罪になったものがありますが、実際は一切の機密情報の含まれていない、ブラウンが戦地から帰国中に作成した報告書の〝下書き〟でした。

しかし、なぜか検察の滅茶苦茶な言い分が通ってしまい、ブラウンは有罪判決を受けています。

ＦＢＩによる証拠捏造が発覚していることからわかるとおり、ＦＢＩの内通者になることを断るということは、国家権力を振りかざす秘密警察ＦＢＩから相当の報復を受けることになるのです。

■ボディカム映像で明かされる真実

アメリカの警察は防弾チョッキに小型カメラ（ボディカム）をつけていて、後に法執行活動に問題はなかったかどうかの証拠として使われます。私服警察もボディカムを着用していることがあります。

1月6日事件のボディカム映像は限定的に裁判を通じて公開されていて、トランプサポーターを煽動していた私服警察の存在や、トランプサポーターを過激化させたきっかけを議事堂警察がつくっていたことなどが明らかにされています。

「1月6日事件がFBIなどによって仕組まれたものというのは、根拠のない陰謀論だ」と左翼メディアや民主党は言いますが、だったら堂々とすべての監視カメラ・ボディカム映像を公開してほしいものです。

後述する監視カメラは徐々に公開されていますが、ボディカム映像のほとんどは隠されたままです。それらの証拠をすべて提示した上で、「ほらな」と言うならいいですが、コソコソ隠しておきながら文句を言うのは卑怯でしょう。

①トランプサポーターに紛れて煽動していた首都警察

ウィリアム・ポープは1月6日事件で起訴されたひとりで、首都警察のボディカム映像を基に、現場にいた私服警察官と覆面捜査官の行動を裁判訴状で明らかにしています。ポープが明らかにした捜査官の行動をいくつかまとめます。

ふたりのトランプサポーターに扮した私服警察が〝Drain the swamp!〟（沼の水を抜け）、〝Whose house? Our house !〟（俺たちの家（＝議会）だ）、〝Go, go, go!〟（行け行け行け）、〝Help him up! Push him up!〟（議事堂をよじ登るのを助けるように呼びかけ）などのように、トランプサポーターを煽っていました。

首都警察の警備計画書によると、電子監視ユニットは私服で群集の中に入り、後の捜査資料のための撮影をしていたことがわかっています。

また、裁判で麻薬特捜部も群集に紛れていたことが明かされています。捜査のためであれば黙っていればいいはず。トランプサポーターを煽るようなことをしていたのは問題ではないでしょうか。他にも次のようなこともわかっています。

●制服を着た首都警察が、「止まらず進め」と、トランプサポーターたちが議事堂に進んで行くように呼びかけていた。

●自転車で警備をしていた首都警察官が5人の私服職員に職務質問し、それぞれが政府機関のバッチを見せ、「全員武装している」と話していた。（どの政府機関の身分証かは判別不能）

●議事堂警察官のローレンス・ラゼウスキーと別の警察官が、「我々ははめられた」と話していた。ラゼウスキーは「失敗するように仕向けられていた」とも話し、周りの警察官も同調していた。

②アンティファになりすまして暴れてくるぜ☆

２０２３年11月21日、『Just the News』は首都警察のボディカム映像を入手、私服の首都警察官がバックパックに水を入れてもらっている最中に、「アンティファに成りすまして暴れてくるぜ」という衝撃的な発言が露わになりました。『Just the

News』は内部関係者から直接入手したということなので、内部でも不満が高まっているのではないでしょうか。

③暴動を引き起こした警察の過剰行為

別のボディカム映像と議事堂外側に設置された監視カメラ映像から、警察がコントロールのようなことをしていた結果、現場の混乱を引き起こしていたことが明らかになっています。

連邦議事堂西側入り口付近は、12時55分ころまではまったく人はいませんでしたが、13時4分ごろには議事堂に繋がる階段前までトランプサポーターで埋め尽くされました。13時30分ごろから警察が階段前から押し返し始め、14時25分までは現場は安定していました。

ところが、14時28分に警察の警備線の〝左側〟が崩れ、そこから警備線が決壊し、現場は大混乱に。

警備線が崩れた原因は14時25分。首都警察のダニエル・タウが議事堂警察リッチ・クーリーに催涙ガス弾を群衆に向けて撃ち込むように指示したところ、クーリーは警察官の上司たちがいる場所に誤って撃ち込んでしまい、大混乱。ボディカムには「やっちまった」という音声がありましたが、まさか日頃の恨みを……という冗談はさておき、これがきっかけとなり、左側が崩れたのでした。

ほぼ同時刻、アンソニー・アリオトが群集に催涙ガスキャニスター（缶）を投げ込み、それを群集の誰かが拾って投げ返し、アリオトの周辺にいた警察官たちは催涙ガスをくらい、議事堂内に避難した結果、警備がさらに薄くなっていました。

さらにタウが使用したペッパースプレーが風に乗ってアリオトに直撃、議事堂に退避。また、アリオトは議事堂内でペッパースプレーを使用し、狭い室内ということもあり、自分にもかかってしまうなど、まさにコントのようなことが繰り広げられていたのです。

■監視カメラ映像で明らかにされる真実

ニュース報道で1月6日事件を扱うときのイメージ映像といえば、トランプサポーターと警察官と衝突している様子や、議事堂を占拠している様子、角のある被り物を

写真：ZUMA Press／アフロ

した通称「Qアノン・シャーマン」が雄叫びを上げている様子などでしょう。

当日の議事堂内の様子は、切り取られたものばかりがメディアで使われ、1月6日事件で逮捕された被告たちでさえ、議事堂内の様子を映した監視カメラ映像にアクセスすることができないこともありました。

司法省は「国家安全保障リスクのため」という理由を主張し、裁判所がその主張を受け入れ、まともな裁判を受けることができなかった人もいます。約4万1000時間の監視カメラ映像はアメリカ国民から隠され続けていました。

2023年3月6日、FOXニュースのタッカー・カールソンの番組チームはその当時のケヴィン・マッカーシー下院議長の許可を受け、1月6日の議事堂内の監視カメラ映像にアクセスすることができました。

その後、『Just the News』『American Greatness』のような保守系メディアもアクセス許可を得ることに成功、2023年11月17日には新しく就任したマイク・ジョンソン下院議長の指示で、すべての監視カメラ映像に誰でもアクセスすることが可能になりました。

しかし、公開される監視カメラ映像は一部加工が施されていて、顔の識別ができないようにされていましたが、2024年3月1日に加工なしで迅速に公開していくことが発表されました。執筆段階では完全公開が間に合っていませんが、これまでわかってきたことをいくつか紹介します。

●1月6日事件調査委員会がメディアに提供し大々的に使用されていた人々が議事堂内を歩く様子の映像は、暴徒感を出すために音声が追加されていた（本物の監視カメラ映像は無音）。

●Qアノン・シャーマンを警察官は止めないどころか、ツアーガイドのように上院議会に入らせるための未施錠ドアを探していた。Qアノン・シャーマンは2021年1月11日に逮捕、9月1日に司法取引に応じたが、11月17日に正式な判決が出るまでの317日間拘束され続け、時には独房監禁措置を受けていたが、元米軍兵、前科なし、さらに監視カメラ映像の様子から危険性のある人物とは思えない。

●手錠をかけられた〝暴徒〟を警察官と私服の男（覆面捜査官の雰囲気）が連行、手錠を外しながら、「よくやった」というような拳合わせをする様子。

●ペロシが避難するところを、ペロシの娘で映像作品監督のアレキサンドラがハリウッド映画のような雰囲気で撮影していた。アレキサンドラが撮影していた場所は最高レベルのセキュリティの場所であり、セキュリティクリアランスを持たない民間人が撮影していいわけがない。

国家転覆を目論んだトランプサポーターによる反乱行為という物語に沿った画像ばかりがメディアで使われていますが、切り取りされたものであり、イメージとはかけ離れたものや工作員の存在がバレるかもしれないものは隠され続けていたのです。

ちなみにペロシの娘アレキサンドラは1月6日事件に関する議論をしているところが隠し撮りされていて、「Qアノン・シャーマンは立って歩いていただけ」「武器もなく、軍隊もなく、反乱なわけがない」「民主党が下院多数席を失えば、人々の1月6日事件に対する関心は激減するだろう」と、1月6日事件が誇張され、政治的に利用されていることを訴えていました。

■謎の大男レイ・エップス

元海兵隊でミリシア組織オースキーパーズのアリゾナ州支部の代表だったレイ・エップスは、1月6日事件で現場に紛れ込んでいたFBI内通者なのではないかと噂される人物です。

1月5日にトランプサポーターの中で「我々は議事堂の〝中に〟行く必要がある」

と何度も叫び、6日にはトランプ大統領の演説を待つ人々に対し「トランプ大統領の演説が終わったら議事堂に行くぞ。議事堂はこの方向にあると周りに伝えるんだ」と言ったり、別の場所でも「議事堂はこの方向にある」と叫んでいるところが撮影されています。

5日に〝Baked Alaska〟の名前で活動するアンシム・ジオネのライブストリーミングにエップスが「議事堂の中に行くぞ」と叫んだところ、ジオネを含めた周りの人々から「Fed! Fed! Fed!」（内通者！）と叫ばれている映像からわかるとおり、前日の時点で怪しまれていました。この後、ジオネはエップスとふたりで会話をし、最後にエップスは「We're here to storm the capitol. I'm not kidding.」（我々は首都を襲撃するためにここにいる。冗談ではない）とジオネに耳打ちしています。

2023年11月3日に『Truth In Media』が作成したドキュメンタリーでジオネはインタビューに応じ、「エップスが最初に〝議事堂の中に入る必要がある〟と言ったとき、面白いことを言うやつがいるな程度に思い、周りも笑っていた。ところが、別の離れたグループに行ったとき、エップスは全く同じことを繰り返し言っていた。このとき、不審に思った」と語っています。

タイムラインにも示したとおり、議事堂で暴徒化が発生したタイミングは爆弾が発見されたタイミングとほぼ同じ。また、このタイミングで「壁のような群集」が押し寄せていたのですが、そもそも暴徒化するきっかけをつくったのがエップスの可能性があります。

■ライアン・サムセルに耳打ちしたこと

ライアン・サムセルという男が1月６日事件関連で不当に長期間の拘束をうけていることを紹介しましたが、サムセルこそが最初に暴徒化したひとりでした。

それまで警察とトランプサポーターは柵を挟んで睨み合いをしていましたが、エップスがサムセルの耳元で何かを囁いた途端、サムセルにスイッチが入ったかのように暴れ始めていたのです。

エップスは耳元で囁いた内容を1月６日事件調査委員会の証言や裁判訴状の中で、「警察は敵ではない。リラックスしろ」と落ち着くように伝えたと主張しています。

これに対し、サムセルは全く違う証言をしています。

レイ・エップス（左）がライアン・サムセル（右）に耳打ちをするところ
出典：FBI ホームページ

「我々はここを突破しなければならない」と言われたというのです。

『Gateway Pundit』のインタビューで明かしていることで、「ポリグラフ（嘘発見器）を使ってもいい」と言うほどです。

『American Greatness』は2023年6月5日の記事で、サムセルが不当な拘束を受けた理由は「バイデン司法省の都合の良い証言をするように圧力を受けていたから」と指摘します。これはサムセルがインタビューで証言したことですが、サムセルの裁判データがこの主張を証明しています。

連邦法の規定により、逮捕後30日以内に起訴しなければなりませんが、サムセルは約7カ月にわたって起訴すらされずに拘束され続けました。

サムセルの証言によると、司法省は、「レイ・エップスに落ち着くように諭された」「プラウドボーイズのジョセフ・ビッグスが銃を所持していた」と証言するように求めてきたというのです。

どちらも事実に基づかない嘘の証言になるわけですが、銃の所持の証言は「プラウドボーイズが国家転覆を目論んだ」という物語をでっち上げるために必要だと考えると納得できますが、エップスを庇うようなことをわざわざ言わせるというのは怪しさしかありません。

スティーヴン・サンド議事堂警察署長もタッカー・カールソンのインタビューでエップスの主張の納得のいかない点を指摘。まず、落ち着けと言ったのであれば、なぜサムセル〝だけ〟に言ったのか。周りの人にも聞こえるように言うべきことではないかと指摘しています。

また、仮に落ち着けと言ったとして、サムセルらが柵を押し倒した後には現場から消えています。力づくでも止めなかった理由は何なのでしょうか？

■重要手配リストから消えた

エップスがサムセルの耳元で囁く場面は、ＦＢＩの重大手配リストの16番目に掲載され、重要人物として情報提供の呼びかけがされていましたが、２０２１年７月１日

3時37分〜17時55分の間に削除されました。このことも、エップスを怪しませる理由のひとつです。

ＦＢＩは別人や未成年などを理由に重要手配リストの一部を削除しています。エップスの代理人弁護士の説明では、1月8日にＦＢＩにエップス自ら連絡をしたことで削除されたということです（ちなみにエップスの代理人弁護士は元ＦＢＩ捜査官のジョン・ブリスチャックです）。

この説明は納得のいかない点があります。ＦＢＩは重要手配リスト対象者が逮捕された場合、〝ARRESTED〟（逮捕済み）というラベルを画像に張り付けています。

２０２３年9月18日、エップスは「制限された建物または敷地内での秩序を乱す行為または迷惑行為」で逮捕されているのですが、ＦＢＩは重要手配リストから削除した約2年後に逮捕するという、謎のタイムラグがあるのです。

エップスは20日に罪を認め、２０２４年1月9日には「12カ月の保護観察、１００時間の奉仕活動、５００ドルの損害賠償」という、1月6日事件で逮捕された主要な人々と比較すると遥かに軽い刑が言い渡されています。

先述のとおり、爆弾が発見されたことで警備が手薄になるドンピシャのタイミングで暴徒化した場所にいたことや、前日・当日にトランプサポーターを煽動していたことなど、怪しさしかありません。

6日の14時12分、エップスは同じくワシントンD.C.に抗議活動に来ていた息子に「数人と前線にいた。〝お膳立て〟をしてきた」とテキストメッセージを送っています。

エップスは1月6日事件調査委員会にテキストを送ったときは「ホテルに戻っていた」と証言しているのですが、FOXニュースのタッカー・カールソンが入手した議事堂の屋外監視カメラ映像によると、14時41分に議事堂の人混みの中をウロウロしているところが捉えられていました。1月6日事件調査委員会に偽証した可能性があるのです。

1月6日調査委員会メンバーのひとりだった反トランプ共和党議員のアダム・キンジンガーは、エップスの「議事堂に押し入るぞ」という煽動の言葉を、「暴力を鎮めるための発言と解釈した」という、わけのわからないことを言っていたように、不自然なほど守られているのがレイ・エップスなのです。

第6節：米国司法の崩壊を露呈した1月6日事件裁判

■アメリカ司法は修復不可能な崩壊状態

1月6日事件の裁判はすべてワシントンD.C.連邦地方裁判所が管轄しています。アメリカでは基本的に陪審員裁判を受けることになるのですが、1月6日事件の裁判はアメリカ司法が崩壊していて、人が人を裁くことの限界を見せています。

陪審員はその地域に住んでいる人の中から選ばれます。2020年大統領選挙のワシントンD.C.の投票結果はバイデンが92・1%、トランプが5・4%で、トランプ共和党支持者がたったの5%しかいません。

9割以上が民主党支持者の地域で素人の裁きを受けることになっているのです。ペロシの娘の隠し撮りが流出したことを先述しましたが、アレキサンドラも「ワシントンD.C.から裁判所を移せば、簡単に無罪になるだろう」とも話しているとおり、1月6日事件で起訴された人々に勝ち目はありません。

そして、裁判を担当する判事の多くが「1月6日事件は反乱だった」という〝感想〟を量刑の言い渡しや裁判の過程で口にしていて、明らかな先入観、バイアスがあります。

その結果信じられないほどお粗末な裁判が行われているのですが、私は1月6日事件の裁判の〝結果〟しか見ていない人は、1月6日事件やトランプの責任を論ずる資格は一切ないと思っています。

中国で行われているような、裁判とは名ばかりの、結果があらかじめ決まったものになっているのです。

■滅茶苦茶な裁判

約170人が裁判で有罪判決を受けていますが、その中で注目を集めたのがミリシア組織プラウドボーイズとオースキーパーズの裁判です。

バイデン民主党の「トランプサポーターによる反乱」という物語を成り立たせるのに欠かせないピースで、これら団体の主要メンバーは「煽動共謀罪」などで起訴され、有罪判決を受けています。煽動共謀罪は武力による国家転覆を目論んだとする犯罪ですが、彼らはすべての武器をヴァージニア州のホテルに置いてきていました。バイデン司法省は「事前に計画された反乱だった」と主張しますが、国家転覆などという壮大な計画を立てておきながら丸腰で突撃していくというのは、ありえないでしょう。陪審員はそのありえないことを認めたわけですが、正気の沙汰とは思えませんね。

それぞれの裁判の中で明らかにされたとんでもない事実のいくつかを紹介しますが、おそらく「いやいや、やまたつの妄想作り話だろ」と思いたくなるような内容の連続だと思います。

■オースキーパーズの裁判

12人のオースキーパーズメンバーは煽動共謀罪で起訴され、3人が罪を認め、3人は無罪評決、6人が有罪評決を受けています。

オースキーパーズはワシントンD.C.政府から正式な抗議活動の許可を得た「Stop the Steal」代表アリ・アレクサンダーの要請で、抗議活動の警備としてワシントンD.C.にいました。アンティファやBLMのような左翼連中との衝突に備えてのことで、議事堂に率先して乱入したわけでもありません。

スチュワート・ローズは「オースキーパーズのメンバーは、頭に血が上ったトランプサポーターに取り囲まれていた警察官ハリー・ダンの間に割って入り、衝突しないように現場を落ち着かせていた」と証言していますが、裁判では証拠として現場の動画や現場を目撃した警察官の証言が採用され、これらの主張のほとんどが認められず、煽動共謀罪などの罪で有罪評決を受けました。

①無実の証拠の隠蔽

オースキーパーズの裁判証拠として司法省がオースキーパーズの被告人たちに提供した動画があります。

スティーヴン・ホーンという人物が約2時間にわたって議事堂周辺から議事堂を出入りする人々を撮影した動画で、その中にオースキーパーズと議事堂警察のハリー・ダンが扉の前で暴徒に囲まれているところが映っているのです。

司法省はこの動画の必要部分を切り取って提供し、それが裁判で採用されているのですが、最重要のオースキーパーズが警察官ハリー・ダンを守るようにしているところが切り取られているのです。

これは『Real America's Voice』というネット番組が2023年6月17日に明らかにしたことなのですが、裁判証拠として採用された動画とオリジナル版を比較してみたところ発覚したことで、有罪評決を受けたオースキーパーズのふたりは「初めて見た」とインタビューで驚いていました。

ケリー・メグスは煽動共謀罪などで有罪評決を受け、禁錮12年。ジェシカ・ワトキンスは煽動共謀罪は無罪評決でしたが、その他で有罪評決を受けたことで禁錮12年を言い渡されています。

裁判で証拠採用された動画は、最初の10秒間ほどしたところで画面が止まってしまい、オースキーパーズがダンを守るようにして半円陣形をとり、叫ぶ暴徒をなだめているところが映っているはずのところが映っていないのですが、司法省からは「ファイルが壊れてしまっていた」と説明されたということです。ところが、司法省は隠していたようですが、実は元の動画は撮影者のホーンが一般に公開していました。

オースキーパーズが国家転覆を企んでいたという物語を否定するのに欠かせない貴重な証拠が、司法省によって改竄されていたのです。大事なことなのでもう一度言います。これがアメリカの司法です。

②デーヴィッド・ラザロの偽証

連邦議事堂には少なくとも1700台の監視カメラがありますが、オースキーパーズの裁判で採用された動画は先述の改竄されたものだけでした。

裁判では議事堂警察官デーヴィッド・ラザロが、オースキーパーズが議事堂警察のダンを取り囲み威嚇していたとする証言をしています。

ラザロはナンシー・ペロシ当時下院議長の警備担当者のひとり。ラザロはペロシの議員スタッフらの避難誘導のため、ダンが警備していた背後の階段を何度も行き来し、オースキーパーズが〝敵意〟を示すような発言をしていたのを目撃したと証言したのです。

2023年10月4日、保守系メディア『Blaze Media』は下院政府監督委員会の協力を得て、議事堂内監視カメラを分析。その結果、ラザロが裁判で〝偽証〟をしたことを突き止めました。

監視カメラ映像を確認すると、ラザロが「ダンがオースキーパーズから敵意のある言葉を浴びせられていた」という場面を目撃したと証言しているとき、ラザロは上院議員の避難に随行し、上院議会と上院議員オフィスを繋ぐトンネル内にいたのです。ダンとオースキーパーズがいたのは下院議会側のスモールハウスロタンダと呼ばれるエリアで、トンネルとは正反対の場所。ラザロは14時43分に「発砲があった」という報告を聞き、上院議員の警備は十分と判断して下院議会側に戻ったのですが、オースキーパーズがいたはずの場所に辿り着いたのは、オースキーパーズが去ってから〝3分後〟でした。

ダンの証言もコロコロ変わっていて、上院議員をエスコートしている最中のはずのラザロがオースキーパーズと口論しているところを見たと発言したり、FBIの事情聴取には「オースキーパーズを落ち着かせていた」と証言し、裁判では「落ち着かせてなどいない」と正反対の証言をしているのです。

なぜ頑なに「国家安全保障リスク」という言葉で監視カメラ映像を隠し続けたのか、理由がよくわかるのではないでしょうか。

つまり、偽証をしてまで、トランプサポーターを追い落としていることが暴露されてしまうからです。

ちなみに議事堂警察は裁判で偽証をした「ラザロの調査はしない」と発表しています。生まれ変わったら左翼になりたいと思うくらい（思いませんが）、やりたい放題できていてうらやましい限りです。

■プラウドボーイズの裁判

トランプを支持する極右団体の筆頭格として名前があがるのがプラウドボーイズです。

全米リーダーのエンリケ・タリオは最長の禁錮22年が言い渡されるなど、多くの幹部メンバーに長期刑が言い渡されています。

①1776Returns

裁判の最重要証拠とされたのが『1776Returns』という議事堂襲撃計画書です。1776年独立戦争に因んだ名称で9ページの計画書。プラウドボーイズ全米リーダーのエンリケ・タリオが受け取ったとされる文書ですが、計画書の中には議事堂を襲撃する計画は一切ありません。

連邦最高裁判所、上院議員会館、下院議員会館、CNNオフィスを占拠し、警察を分散するために周辺のホテル・大型スーパーなどの火災報知器を作動させるということが書かれていますが、議事堂を占拠することは書かれていないのです。

2023年2月10日の弁護側の申し立てで、『1776Returns』が政府の工作の可能性があることが指摘されたのですが、それがどういうことかをFBI特別捜査官ピーター・ドゥブロウスキーの裁判証言、1月6日事件調査委員会のエリカ・フロレスとサミュエル・アームズの証言内容を交えて紹介します。

『1776Returns』はタリオの恋人エリカ・フロレスがタリオに2020年12月29日にメッセージアプリ『テレグラム』で送付しました。タリオが文書を開封・既読・誰かに転送した証拠はありません。

フロレスは1月6日事件調査委員会に「文書を作成したのはサミュエル・アームズ」と証言し、「タリオに送るように言われた」と証言しています。

サミュエル・アームズは元国務省職員でフロリダ州タンパにある特殊作戦軍で勤務経験があり、大学時代にCIAやFBIエージェントに憧れ、何度も諜報機関職員養成1日コースに参加したことのある人物。

アームズは1月6日事件調査委員会に対し、「２０２０年8月~9月の混乱をみて、大統領選挙後に何かがあると思い、それを想定したシナリオをつくった」と証言しましたが、文書全体を作成したことを否定、フロレスにタリオに転送するように伝えたことも否定しています。

両者とも1月6日事件調査委員会で宣誓供述をしているのですが、証言内容の文字起こしはアームズのものは公開されていますが、なぜかフロレスのものは公開されていません。最重要証拠のひとつが政府諜報機関と関係している可能性のある人物から仕込まれたものの可能性が浮上したのですが、担当判事のティモシー・ケリーは「問題なし」の判断をしています。

②偶然発見した隠しメッセージ

ＦＢＩ捜査官は専用のメッセージシステム『Lync』を使用しています。

裁判資料として、捜査に関係するメッセージをエクセルシート形式で弁護側に提供するのですが、弁護団は裁判期間中に偶然にも隠されたメッセージがあることを発見しました。

２０２３年3月9日の申し立てによると、ＦＢＩから提供されたメッセージはエクセルシートの25行分でしたが、弁護団の若手スタッフが作業中に偶然にも、１０００以上の隠されたメッセージを発見したというのです。

隠されたメッセージから判明したことが次のとおり。

●拘置所の被告人と弁護士の会話をFBIが盗聴し、法廷戦略を調べていた。
⬇憲法修正第6条違反（被告人の弁護人に依頼する権利の侵害）。
●明らかに抜け落ちている会話があり、意図的に弁護側に渡していないテキストがある。⬇ブラディルール違反（必要な証拠をすべて渡すこと）。
●「上司から３３８の証拠を破壊するよう指示を受けた」という発言。
●「内通者報告書の不都合な部分を編集する必要がある」という発言。
●「『1776Returns』の文書に議事堂のことが書かれていないが（証拠として採用して）大丈夫なのか」という発言。

残念ながら、ケリー判事が陪審員を退室させたため、陪審員がＦＢＩの腐った捜査実態を知らされることはありませんでした。

弁護側は度重なる憲法違反行為を理由に棄却請求をしましたが、ケリー判事は「問題なし」と判断しました。

③覆面捜査官ニコラス・タマスラの証言

ボディカム映像から、トランプサポーターを煽っていた議事堂警察官がいたことを紹介しましたが、そのうちのひとりがニコラス・タマスラでした。

タマスラは後の捜査のための撮影をしていたと証言していますが、先述のとおり、叫びながらトランプサポーターを煽っていました。

４月10日の申し立てで、少なくとも10人の麻薬特捜部の覆面捜査官が、プラウドボーイズの周辺にいたことが明かされました。

タマスラは他の捜査官がどのようなことをしていたかはわからないとし、当日に使用していたｉＰｈｏｎｅは破壊済みで、テキストのやりとりは自動削除される設定にしていたため、裁判に提供できる証拠は一切ないと証言しています。

ケリー判事は「問題なし」の判断をしているのですが、ここまででわかるとおり、裁判が始まった〝後〟になって、重要証拠がボロボロ出てきているのです。弁護団は何度も裁判のやり直しや棄却を求めましたが、その願いが聞き入れられることはありませんでした。

■プラウドボーイズ代表が蹴った司法取引の内容

アメリカでは司法取引の制度があり、減刑や起訴取り消しなどの引き換えに検察に協力を要請することがあります。1月6日事件でも多くの司法取引が成立しているのですが、司法取引を蹴る人もいます。

そのうちのひとりがプラウドボーイズの全米代表エンリケ・タリオです。

2023年9月8日、『Gateway Pundit』のツイッター（現・X）の音声ライブ配信「スペース」にタリオが特別ゲストとして刑務所から登場し、バイデン司法省から提示された司法取引内容を明らかにしました。

「トランプと1月6日の計画に関して、連絡をしていた」

これを認めることが、バイデン司法省から要求された司法取引です。トランプ前大統領を陥れる目的で嘘をつかせ、事実を捻じ曲げようとしていたのです。

タリオは司法取引の提示は司法省のジョセリン・バランタイン主任検事とジェイソン・マッカロー検事補からだったと実名を明かしていることから事実でしょう。

バランタイン主任検事といえば、トランプ前大統領の側近のひとりマイケル・フリンの捜査証拠の改竄に関与していたことが疑われているひとり。根っからのトランプ嫌いですから、トランプ潰しのためにこのような司法取引があったとしても不思議ではないでしょう。

■連邦最高裁判所がトランプとトランプサポーターを救えるのか

バイデン司法省や民主党が１月６日事件に固執する理由は、左翼にとって目障りな愛国者・保守派を一掃できるから。その本丸がトランプ前大統領です。

トランプ前大統領を含め、１月６日事件の重犯罪起訴で最も使われているのが「18ＵＳＣｏｄｅ§１５１２（ｃ）（２）“Conspiracy to obstruct an official proceeding”」

（第18編1512条：公的手続きを妨害する共謀）です。

1月6日は連邦議会で上下両院合同で選挙人票の承認作業が行われていたのですが、これを公的手続きの一環と見なし、その妨害をしたとされています。最大で禁錮20年の重犯罪で、執筆段階で300人以上の起訴に適用されています。

1月6日事件で有罪判決を受けているひとりのジョセフ・フィッシャーは、トランプ前大統領を含め、多くの1月6日事件政治犯を助けることになるかもしれない歴史的な裁判を連邦最高裁判所で戦うことが決まっています。そもそも§1512（c）（2）を1月6日事件に適用すること自体が間違っている可能性があるのです。

連邦最高裁の判決次第では、トランプ前大統領を含めた300人以上の重犯罪起訴や判決が取り消されるかもしれません。

§ 1512（c）（2）の2つの争点

§1512（c）（2）はアメリカ刑法の第73章「司法妨害」の中にあり、§1512の法律名は“Tampering with a witness, victim, or an informant”（目撃者、被害

者、情報提供者を改竄する行為）というものです。その中の（ｃ）（２）が「公的手続きの妨害」です。

２０２２年3月7日、カール・ニコラス判事は§１５１２（ｃ）（２）を1月6日事件に適用することを不適切と判断している数少ない判事のひとりで、ニコラス判事の意見書を基に、２つの争点を紹介します。

【争点1：〝Otherwise〟の解釈】

まずは§１５１２（ｃ）（１）と（２）の条文（１８８ページ）を見てみます。

この条文中の〝otherwise〟（その他）が指し示す〝範囲〟が一つ目の争点です。

ざっくり言うと、司法省は「〝その他〟とはあらゆる行為を含む」とし、1月6日に実施されていた選挙人票承認という公的手続きを、議事堂に乱入することで妨害したとしています。

一方で、弁護側は「（１）の内容に準ずる行為という意味での〝その他〟である」と主張しています。つまり、無制限に何でもかんでも対象にするのではなく、（１）の内容に近いものに限定すべきであるということ。（１）は記録や文書の破壊に関す

§1512（c）（1）と（2）の条文

(c) Whoever corruptly—

(1) alters, destroys, mutilates, or conceals a record, document, or other object, or attempts to do so, with the intent to impair the object's integrity or availability for use in an official proceeding; or

(2) **otherwise** obstructs, influences, or impedes any official proceeding, or attempts to do so,

shall be fined under this title or imprisoned not more than 20 years, or both.

（c）不正に、

（1）公的手続で使用するために、対象物の完全性または利用可能性を損なう意図で、記録、文書、その他の対象物を改竄、破壊、切除、もしくは隠匿したもの、またはそうしようとしたもの、

（2）**その他**、公的手続きを妨害、影響、もしくは阻害したもの、又はそうしようとしたものは、

本号に基づき罰金を科すか、20年以下の懲役に処すか、またはその両方を科される。

ることを禁止するものであり、（2）も記録や文書に限定し、連邦議会の選挙人票承認は含むべきではないと主張しています。

【争点2：法成立の歴史】

〝その他〟の範囲を検討するために見るべきなのが、法律の成立過程です。

そもそも、§1512（c）（1）と（2）が成立した理由は2001年に発覚した「エンロンスキャンダル」です。当時、エンロン社というエネルギーやIT事業を取り扱っていた企業が巨額の粉飾決算をしていたことが発覚し、さらに粉飾に加担していた世界五大会計事務所の一角だったアーサー・アンダーセンが証拠品の隠滅をしていたことが発覚。当時の法律には抜け穴があり、〝他人に〟危害・脅迫などをすることによる、公的手続きに必要な証拠の隠滅や改竄行為を禁止し罰する法律はありましたが、本人が実行することを罰する法律がありませんでした。

その抜け穴を埋めるため、2002年に通称「サーベンス・オクスレー法（SOX法）」が成立し、§1512（c）（1）と（2）が追加されました。ニコラス判事は、そのわずか3カ月後に§1512（a）（2）（B）が追加されたことを指摘し、連邦議会が短期間で細かい法整備をしていることから、それぞれの法の適用範囲を限定できるようにしている意図があると指摘。

〝その他〟というのは「何もかもすべて」ではなく、「限定された範囲内で」その他の行為という意味であると解釈すべきと結論づけたのです。

ニコラス判事の判断は連邦高等裁で覆されてしまい、連邦最高裁に辿り着いたわけです。裁判は2024年4月16日に予定されています。

連邦最高裁の判決次第では、1月6日事件を口実にしたトランプサポーター狩りに終止符が打たれるかもしれません。書ききれない内容がたくさんある中で、特に重要なものを厳選して紹介しましたが、1月6日事件を通して、アメリカが内部で崩壊を起こしていることがわかると思います。

2024年大統領選挙はアメリカにとっての分岐点。トランプ前大統領が勝つことができなければ、民主党・左翼に従わないアメリカ国民に対する弾圧は激しさを増すことになり、アメリカは文字通り内戦状態に陥り、それは更なる世界情勢の不安定化をもたらすことになるでしょう。

第3章

ハンター・バイデンの真実

第1節：ハンターパソコンの真実

■史上最悪の大統領子息

アメリカの黒歴史のひとつになるのが、バイデン政権の誕生でしょう。アメリカ経済がボロボロにされただけでなく、世界情勢を激変させた諸悪の根源。それ以上に問題なのが、バイデン家族が大統領とは思えないほどの〝汚れた〟家族ということです。

バイデンの次男ロバート・ハンター・バイデンは、バイデン家族の中で最も汚いやり方のビジネスをし、法律を破りまくっている男です。2023年にようやく司法による裁きを受けるときがやってきたのですが、徹底して「バイデン」という名前で守られていたことがわかってきています。

2023年6月に起訴されるも、7月に司法取引に失敗。その後、9月に銃の違法購入・所持でデラウェア州で起訴され、12月にカリフォルニア州で脱税で起訴されています。

本章ではハンターがどのような悪事を働いてきたのか、ハンター（＝バイデン家族）を守るために起きていた衝撃的なことなど、日本メディアが報じない、大統領の息子の実態を明かしていきます。

また、「バイデン」の名前を振りかざしてやりたい放題しているのはハンターだけではなく家族全体なのですが、バイデン家族の悪事は次章で紹介するとして、本章ではハンターに絞った話を紹介します。

ここからは多くのバイデンが登場しますが、「バイデン」と表記するのは現職大統領ジョー・バイデンのことを指すこととします。

■"Laptop from Hell"「地獄からのラップトップ」

第1章でも触れましたが、ハンターはパソコン修理店に水没したパソコンを持ち込み、その後引き取りに行くことはありませんでした。

民主党と左翼メディアが「ロシアの工作」と大騒ぎする中、ＦＢＩはハンターのパソコンがロシアの工作ではなく本物だということを隠していました。

ハンターの銃の違法購入・違法所持や、脱税などの捜査のため任命されたデーヴィッド・ワイス特別検察官は、2024年1月16日の申し立ての中で、2019年8月にFBIとIRS（内国歳入庁＝日本の国税庁）が、後述するハンターの脱税捜査で捜索令状によるiCloudアカウントの情報を要求、9月にアップル社がバックアップとして保存されているデータを提供していたことを明らかにしました。

2019年12月にFBIがパソコンを差し押さえた後にパソコンの中身を比較したところ、同一のデータが保存されていることも確認されています。

他にも多くのメディアによる「ハンターパソコンは本物」であることを裏付ける報道は絶えないのですが、具体例はFBIが本物であることを認めているというだけでも十分でしょう。

■マルコポーロが明かす459の犯罪

ハンターのパソコンは、バイデン家族やその仲間による違法行為を証明する証拠の山でした。

元トランプ政権スタッフのギャレット・ジーグラーは非営利団体『マルコポーロ』を設立、ハンターパソコンに残されていた文書・メール・テキストなどを完全解析し、644ページの報告書をまとめました。

報告書によると、ハンター家族とその仲間は最大で459件の犯罪を犯している可能性があることが指摘されています。

ビジネス犯罪における犯罪の可能性が140件。

性犯罪の可能性が191件。

薬物関連犯罪は128件。

ビジネス犯罪は中国・ウクライナ・カザフスタン・ルーマニア・メキシコ・セルビア・リビアなどとの関係で、脱税・マネーロンダリング（資金洗浄）・ロビー法違反などを指摘。

性犯罪の191件は州を越えて売春婦を移動させていた証拠・履歴などが発見されています。

薬物犯罪128件は、単純な薬物の購入・使用だけでなく、薬物売買に関与していた可能性を示唆する証拠が残されていました。これが大統領の実の息子ですよ。

■薬物犯罪の例

パソコンに残されていたメールやテキストを確認すると、ハンターはメリーランド・カリフォルニア・デラウェア・マサチューセッツ・コネチカット・ロードアイランド・ニューヨーク州に薬物売買ネットワークを持っていたようです。

メリーランド州の売人はヴォーション・サンプル、２０２１年11月に逮捕されたメリーランド州の最重要手配犯のひとりでした。

２０１８年6月12日にハンターはサンプルからワシントンD.C.で薬物を購入し、19日にはカリフォルニア州で滞在していたホテルに薬物を送らせています。具体的に「FedEx（運送会社の名前）を使え」「送り主の名前は空欄」「送り先は偽名のGuest Joseph Smith（HB）」「夜間に投函」と、細かい送付方法を指示していました。

マサチューセッツ州では、売人のミッチェル・バリオネットに薬物の代金１２００ドルをネット決済で支払ったところ、音信不通になったことに腹を立て、売人を脅迫していたことが発覚。

バリオネットにジェームズ・バルジャーの連絡先を送付し、「10分時間をやる」「俺の友達だ。どういうことかはすぐにわかる」とテキストメッセージを送っています。

バルジャーはハンターのビジネス仲間のひとりで、ホイットニー・バルジャーの甥。ホイットニー・バルジャーはFBIのナンバー1指名手配対象で、「マサチューセッツ州のドン」と呼ばれたギャングのトップです。

この売人がその後どうなったかは不明です。

ハンターが薬物中毒だったことはバイデンも認めていて、ハンターの自伝『Beautiful Things』でもコカインに溺れていた日々が綴られています。

■ハンターパソコンはもう1台あった

ハンターパソコンを何としてでも偽物にしたい左翼民主党は、面白い陰謀論を提唱していました。

実は置き去りにされたハンターのパソコンはもう1台あったのです。

2018年12月～2019年1月の間、ハンターはマサチューセッツ州の精神科医キース・アブローのクリニックに、薬物中毒リハビリのために滞在していました。

退院したとき、ハンターはパソコンを置き忘れ、アブロー医師は何度もハンターに取りに来るように言い、ハンターの代理人弁護士にも連絡をしたけれども、取りに来ることはありませんでした。

代わりにピックアップに現れたのは捜索令状を携えた麻薬取締局（ＤＥＡ）の捜査官たち。２０２０年2月13日、アブローは別件の業務上不正行為の疑いで捜索を受け、金庫に保管していたハンターのパソコンが押収されたのでした。

２０２０年10月30日のＮＢＣニュース報道によると、麻薬取締局はハンターにパソコンを返還しています。

このときすでに脱税の捜査対象だったことや、２０１９年12月にＦＢＩが大陪審召喚状を使った1台目のハンターパソコンの押収をしていたことを踏まえると、大統領選挙前にハンターのパソコンが世に出回らないようにしたようにも思えます。

『ワシントン・ポスト』の２０２２年12月10日の報道によると、ハンターの仲間たちはアブロー医師がトランプ前大統領に近しいロジャー・ストーンの友人であることを理由に、世間に出回ったハンターパソコンはアブロー医師がストーンに渡したものであると主張する計画を立てていたようです。

残念ながらすでにＦＢＩや司法省が本物と認めていますから無理がある話ですが、このような物語を一生懸命に考えなければならないほど、ハンターパソコンの内容は彼らにとって痛いものだったのです。

第2節：司法取引失敗と銃犯罪起訴

■ついに起訴された大統領の息子

２０２３年６月20日、ハンター・バイデンは３つの罪でデラウェア州連邦検察官デーヴィッド・ワイスに起訴されました。

罪状は２つの軽犯罪、１つの重犯罪でした。

●故意の２０１７年度の納税申告遅れ（軽犯罪）
●故意の２０１８年度の納税申告遅れ（軽犯罪）

●2018年の銃の違法〝所持〟（重犯罪）

事前報道では、約3万ドルの経費水増しによる脱税（重犯罪）も起訴内容に含まれると言われていましたが、正式な起訴の中には含まれていませんでした。

■ありえない軽い罪状に批判殺到

唯一の重犯罪である銃の違法所持には「公判前ダイバージョン」というシステムを適用することで起訴猶予処分にし、実質軽犯罪の起訴のみにとどめることが決められていました。

公判前ダイバージョンとは、起訴の代替として刑事罰ではなく、連邦保護監察局の指導・監督するプログラムを完了すれば、訴追されないという制度で、主に若者の薬物犯罪者などに適用されることが多い制度です。ちなみにハンターは当時53歳のおっさんです。

ハンターに提示された公判前ダイバージョンの条件は「24カ月のドラッグ使用禁止と他の犯罪を犯さない」という、小学生でも守ることができるようなものでした。

税の申告遅れの2つの軽犯罪は、罪を認めることとひき替えに「保護観察処分」で済ませる司法取引で合意。つまり、ハンターが刑務所に送られることはないということだったのです。

そもそも脱税やマネーロンダリング、ロビー法違反といった重犯罪がないこと、銃の違法〝購入〟ではなく、違法〝所持〟のみであること、そして信じられないほど甘い起訴内容と司法取引内容に批判の声が一斉にあがりました。

■銃の違法所持（購入）

起訴内容にある銃の違法所持というのは、第1弾書籍で紹介した「リボルバー〝ポイ捨て〟ゴミ漁り騒動」のことです。

2018年10月12日にハンターはデラウェア州の武器屋で38リボルバー（38口径拳銃）を購入。銃の購入時、「あなたは違法薬物を使用していますか」という質問に「いいえ」と虚偽の申告をしていました。当時のハンターは完全な薬物中毒者でしたので、銃を購入することはできませんし、所持することもできません。

銃の違法購入時、ハンターはハリー・バイデンと付き合っていました。ハリーはハンターの亡き兄ボー・バイデンの元妻。２０１５年にボーが亡くなった後、ハンターと男女の仲になったのでした。

ハリーはハンターの車の中でリボルバーを発見、近所のスーパーのゴミ箱に黒いゴミ袋に包んで捨てました。ハンターがレボルバーが捨てられたことを知ると激怒、すぐにハリーに回収しに行かせますが、ゴミ箱から忽然と消えていたのでした。

このスーパーは学校と目と鼻の先。仮に悪意のある何者かが発見し、学校で銃乱射事件を起こそうものならとんでもないことになります。すぐに警察に通報し、シークレットサービスまで動く事態になっていたようですが、後にゴミ漁りの常連（ホームレス）がスーパーに返還しにきました。

この騒動は２０２１年3月25日『ポリティコ』が報じたことで話題になったため、捜査せざるを得ないことになったのでしょう。

■司法取引の失敗と真の目的

信じられないほど甘い司法取引は2023年7月26日、デラウェア州連邦地方裁判所が承認するはずでした。しかし、担当判事のマリーレン・ノレイカは「憲法上の疑義がある」とし、司法取引の承認を保留、追加の説明資料の要求をしたことで、司法取引は失敗に終わりました。

問題視されたのが司法取引と公判前ダイバージョンを組み合わせたこと。

軽犯罪の税の申告遅れは司法取引で保護観察処分、重犯罪の銃の違法所持は公判前ダイバージョンで起訴猶予処分にすることで合意していましたが、公判前ダイバージョンの合意文の第15パラグラフに、ハンター陣営の真の狙いが隠されていて、それにノレイカ判事が気づいたのです。

第15パラグラフは「司法取引の〝証拠書類1〟にある事実を含む、いかなる連邦法犯罪も刑事訴追しない」とありました。（※司法取引承認後に犯した犯罪はこの司法取引に含まれませんから、一生どのような犯罪を犯しても大丈夫というものではありません）

証拠書類1にある事実とは、中国・ウクライナから得た莫大な収入を申告していなかったことの詳細です。

つまり、中国・ウクライナのビジネスで脱税以外の犯罪行為があった場合でも、刑事訴追しないというものだったのです。

ノレイカ判事は司法取引承認の可否を決める裁判で、進行中の捜査があるかどうかをレオ・ワイズ特別検事補に尋ね、ワイズ特別検事補は具体的な捜査対象の回答は避けましたが、捜査中であることを認めました。

その後、ノレイカ判事は「海外企業の名前があるが、ロビー法違反の刑事訴追はあり得るか」という問いに、ワイズ特別検事補は「はい」と答えています。

ノレイカ判事は「捜査が完了する前に司法取引をするというのは、裁判所が（ロビー法違反などの）免責をすることになるが、それは裁判所の権限でできることではない」と指摘。大統領による恩赦のようなものですので、ノレイカ判事の指摘はそのとおりです。

ハンター弁護団は公判前ダイバージョンの合意文の中で、司法取引の証拠書類を組み合わせるという複雑なことをしていたのですが、真の目的は刑務所送りを免れることではなく、海外ビジネスにおける犯罪捜査を潰すこと。

なぜならば、海外ビジネスはハンターだけでなく、バイデン家族で関与していたからです。

■司法取引の裏側

社会的に影響力のある人物が刑事訴追されるとき、事前に司法省と弁護団が協議することがあります。2023年8月19日、『ニューヨーク・タイムズ』と『ポリティコ』は同時に、司法取引がどのように進められていたかを報じました。デラウェア州連邦検察官はデーヴィッド・ワイスで、ハンター捜査を5年近く主導していました。

2022年春ごろ、ハンター弁護団は司法省と秘密裏に接触、100ページ以上のパワーポイントスライドを参考資料として、ハンターの捜査を「政治的理由によるもので、トランプ前大統領の圧力に司法省が屈したことを印象付けることになる」として、ハンターを起訴しないように説得していました。

この時点でバイデン政権が発足していますので意味不明ですし、ハンターを特別扱いすれば、それこそ司法が権力に屈したことになるでしょう。

2022年秋ごろ、風向きが変わります。それまで脱税に関する捜査だけだったはずが、「2018年の銃の違法購入も含む方針」と検察から通達されたのです。これに対しハンター弁護団は「違法購入した銃で犯罪をしていない」「1丁買っただけ」「デラウェア州で銃の違法購入だけの起訴は前例がなく、4年も経過した今のタイミングで訴追の話が出るのは、政治的理由に他ならない」という怒りのメールを送っていました。

2023年1月24日には再度起訴しないように説得するプレゼンをし、4月26日には司法省司法次官補、ワイス連邦検察官らと協議し、5月15日にレスリー・ウルフ連邦検事補と司法取引の協議をしています。後述しますが、ウルフ連邦検事補は、ハンター捜査を徹底的に妨害していた諸悪の根源。

ウルフが起訴猶予合意案として提案したのが、裁判官の承認不要、罪状認否不要という、ありえない甘い内容でした。

後の世論の反発を恐れたのか、5月19日に「デラウェア州のカメラ会社の先例に沿ったものにしたらどうか」と提案します。イラン制裁に違反したことで刑事訴追されかけていた企業が、捜査協力を条件に起訴猶予処分にしてもらえた事案ですが、ウルフ連邦検事補は「ハンターのケースに捜査協力は不要」と付け加えていました。つまり、ハンターの脱税はなかったことにするというものです。

ところが、5月23日に方針が変わります。ワイス連邦検察官が「ハンターが罪を認めることを条件に入れるべき」と要求したのです。

詳細は後述しますが、IRS（歳入庁）の内部告発者により、ハンターの捜査が妨害され、起訴するつもりがないことが暴露されていた最中のこと。ワイス連邦検察官は保身のために、方針転換せざるを得なかったのではないでしょうか。それでも甘すぎる司法取引内容が提示されたわけですが、ハンターを取り逃がさなかった陰の功労者がいるようです。

ハンターを徹底的に守っていたレスリー・ウルフ連邦検事補に代わり、レオ・ワイズ特別検事補が検察チームに加入したのです。

政府関係者の中に独自のネットワークを持つジャーナリストのポール・スペリーが2023年12月12日に明かした情報によると、ワイズ特別検事補は一切手を抜かない人物。

ウルフ連邦検事補がつくりあげた激アマな司法取引をぶち壊し、その後の重犯罪起訴をすることができたのはワイズ特別検事補の成果のようです。

■デーヴィッド・ワイスを特別検察官に任命

2023年8月11日、メリック・ガーランド司法長官はデーヴィッド・ワイス連邦検察官を特別検察官に任命することを発表。

アメリカでは連邦法に基づく犯罪取り締まりをする連邦検察官と、各州の州法に基づく犯罪取り締まりをする地方検察官がいます（地方によって多少の名称の違いはあります）。

連邦検察官は大統領が指名し、上院議会が承認。原則的に全米93地区のひとつを割り当てられ、管轄する地域内で活動します。自分の管轄ではない地区での犯罪行為は、その地区の管轄連邦検察官の協力を得る必要があるため、活動に制限があります。特別検察官はこの制限がないため、より広範な犯罪捜査をすることが可能になるのです。

長らくワイスを特別検察官に任命すべきという主張がありましたが、ついに実現したことですが、ウルフ連邦検事補のハンター捜査妨害を野放しにしていたことを考えると、ワイス特別検察官を果たして信用していいのか疑問に思います。

ワイスをデラウェア州連邦検察官に指名したのはトランプ前大統領ということはよく強調されて報じられるのですが、連邦検察官の候補はその州から選出されている連邦上院議員の同意が必要です。

連邦上院議員は憲法の規定で各州２人と決まっていますが、ブルーステートのデラウェア州はどちらも民主党の連邦上院議員であり、民主党の承認を得た人物ということ。

バイデン政権発足後、トランプ前政権から引き継がれた連邦検察官はわずか２人でそのうちの一人がワイス連邦検察官でもあります（もう一人はイリノイ州北部地区を管轄するジョン・ラウシュ）。

つまり、ワイスは民主党から認められている人物ということ、しかもバイデンの地元の議員から認められているということもあり、完全に信用することが難しい人物なのです。

また、ワイス特別検察官の父は元ＩＲＳ職員で、汚職で逮捕されていて、そのときに得た不正なカネがワイス特別検察官の学費に使われていました。

■重犯罪で起訴

ワイスが特別検察官に任命された1カ月後の9月14日、ハンターを銃に関する犯罪で改めて起訴しました。今回は手抜きなしの3つの重犯罪です。

罪状1：虚偽申告による銃の違法購入
罪状2：正式販売店への虚偽申告
罪状3：銃の違法所持

司法取引に失敗した激アマ起訴は罪状3の違法所持のみでした。最大で禁錮25年の可能性のある起訴です。

12月7日には、カリフォルニア州で9つの脱税などに関する罪で起訴されています。

今のところロビー法違反やマネーロンダリングなどのハンター以外のバイデン家族を

巻き込むことができる犯罪による起訴はありません。

本書発刊後にそれらの罪でも起訴されることを願っていますが、ロビー法違反はバイデン司法省に先手を打って潰されつつあるように思えます（後述）。

■ハンター弁護団の戦略はバイデン民主党を真っ向から否定するもの

銃の違法購入、違法所持に関する裁判は、ハンター弁護団は2つの法廷戦略をとるとみられています。

1つ目は憲法修正第2条の保障する「銃所持の権利」を主張することです。

2023年8月9日、第5区巡回区控訴裁判所が、銃の違法所持で有罪評決を受けたパトリック・ダニエルズの判決を覆す判断をしました。

ダニエルズはナンバープレートを付けずに運転していたところを発見され、職務質問した警察官と麻薬取締官が大麻（マリファナ）の臭いがすることから車内検索したところ、2丁の銃を発見。ダニエルズが大麻を月に14日ほど吸っていることを認めたことで、違法薬物の使用者が銃を違法に所持していたとして逮捕されたのでした。

裁判所は「薬物利用だけを理由に、自動的に銃の入手を禁止することは違憲」とする判断をし、2022年に連邦最高裁が憲法修正第2条「銃所持の権利」に関する歴史的な判決をしたことの影響なのですが、詳しくは話が逸れますので割愛します。

ハンター弁護団はこの判例を基に、違法薬物を使用していたことを理由にした銃の違法購入・所持の起訴は棄却されるべきであると主張しています。購入時に嘘の申告をしたことには変わりはないと思うのですが……。

さて、ハンター弁護団は「銃を所持する権利」を主張しているのですが、これほど矛盾したことはありません。

ハンターの父ジョー・バイデンを筆頭に民主党は銃を所持する権利をとにかく〝制限〟しようとしているのです。国民から武器を取り上げようとするのは共産主義者の特徴でもあるのですが、ハンターは父が推し進める銃規制を真っ向から否定することを裁判所で訴えているのです。全米ライフル協会には、ハンターをキャンペーン大使にして、専用グッズの販売でもしてほしいものです。

棄却請求が受け入れられなかった場合の陪審員裁判では別の作戦をとると思われる

のが2つ目。

デラウェア州はバイデン家族のホームグラウンド。民主党支持者も圧倒的に多く、ハンターが薬物で苦しんでいたという〝同情〟を使うことと、トランプ共和党の圧力による政治的訴追であるという主張をするでしょう。

実はすでに政治的圧力が理由の訴追を訴え、棄却請求もしています。

バイデン民主党は銃規制を訴えるも、大統領様の実の息子が銃規制に真っ向から反対する銃を所持する権利を訴え、「金持ちが適切な税金を払っていない」と叫んでいる一方、脱税しまくる大統領の息子。ハンター以外のバイデン家族メンバーも脱税の過去が明らかにされていますが、詳細は第4章に回します。

これを許すアメリカに民主党支持者の思考回路が理解できません。

第3節：脱税起訴

■脱税で起訴

銃の違法購入・違法所持に続き、2023年12月7日に、カリフォルニア州で9つの脱税などに関する罪で起訴されています。起訴内容は次のとおり。

罪状1（軽犯罪）：2016年度故意の納税不履行
罪状2（軽犯罪）：2017年度故意の納税不履行
罪状3（軽犯罪）：2017年度故意の納税不履行
罪状4（軽犯罪）：2018年度故意の納税不履行
罪状5（軽犯罪）：2018年度故意の納税不履行
罪状6（重犯罪）：2018年度脱税
罪状7（重犯罪）：2018年度詐欺と虚偽記載申告
罪状8（重犯罪）：2018年度詐欺と虚偽記載申告

罪状9（軽犯罪）：2019年度故意の納税不履行

失敗した司法取引では軽犯罪のみでしたが、重犯罪の脱税が追加されていて、最大で禁錮17年です。年度が被っているものがあるのは、ハンター個人の脱税とハンターが経営していた会社の脱税が別々の起訴になっているためです。

起訴状によると、2016年度〜2019年度に合計718万9855ドル（約10億円／$＝140円）の収入があり、納税義務が144万5647ドル（約2億円）ありましたが、1銭たりとも支払っていませんでした。

ハンターのメールやテキストに、税支払いに関するやりとりが残されているため、「薬物中毒に苦しんでいたから」という言い訳は通用しません。

これらの収入は主に海外からのものでウクライナ・中国・ルーマニアです。脱税の話と逸れますので、それぞれどのようなスキームでカネを得て、どのような疑惑があるのかは本章の後半と第4章に回します。

何かしらのモノやサービスを提供して得られたカネであればいいですが、ハンターやバイデン家族は「バイデン」という名前を売ることにより利益を得ていました。これはビジネスパートナーとしてハンターを支えていたデヴォン・アーチャーが下院議会で宣誓供述していることでもあります。

民主党はトランプ前大統領が海外から利益を得ていることを批判していますが、大きな違いが真っ当な稼ぎ方をしているかどうかです。世界的に成功しているトランプ前大統領のビジネスと違い、バイデン家族のビジネスは実態のないものなのです。

■ド変態息子

私はユーチューブ動画で普段からハンター・バイデンのことを「ド変態息子」と呼んでいますが、起訴内容は「ド変態」という言葉では生ぬるい事実の連続です。

起訴状は「部分的、またはその全部の税支払いをする資産がありながら納税せず、代わりに〝贅沢な暮らし〟をしていた」と指摘し、「被告人は不適切な支出を〝ビジネス経費〟として計上し、不正に税の支払いを逃れていた」とも指摘しています。

ハンターは私的な支出を経費にすることで脱税をしていたのですが、実際の起訴状に使われている表を見てみましょう。

起訴状に使われている表

Owasco, PC とハンターの銀行口座からの推計支出（2016年～2019年）

	2016	2017	2018	2019	合計
ATM／現金引き下ろし	$200,922	$503,614	$772,548	$186,920	$1,664,004
女性への支払い	$4,400	$138,837	$383,548	$156,427	$683,212
服飾品	$78,580	$113,905	$151,459	$53,586	$397,530
教育費	$117,281	$94,497	$93,213	$4,286	$309,277
健康・美容・薬品	$54,789	$110,239	$46,347	$26,121	$237,496
雑費	$51,629	$75,941	$78,135	$30,929	$236,634
食費	$67,281	$73,219	$40,590	$33,833	$214,923
保険	$41,808	$47,060	$90,535	$24,412	$203,815
ローン支払い	$144,396	$43,647	$500	$3,330	$191,873
アダルトエンターテインメント	$4,411	$56,846	$100,330	$27,373	$188,960
法務・会計費用	$33,379	$103,745	$9,745	$700	$147,566
通信費	$37,319	$29,623	$22,977	$28,521	$118,440
リハビリ（ドラッグ・アルコール）	$7,600	$28,600	$35,669		$71,869
ウェルズファーゴアドバイザー	$53,000				$53,000
クレジットカードの支払い	$7,464	$18,479	$12,000	$20,599	$58,542
住宅修繕維持費	$33,168	$3,574	$5,763	$351	$42,856
ホームヘルパー／清掃／保育	$22,855	$16,946			$39,801
エンターテイメント	$8,172	$6,148	$7,500	$2,625	$24,445
スポーツ／レクリエーション	$22,387	$8	$1,172		$23,567
合計	$990,841	$1,464,928	$1,852,031	$600,013	$4,907,813

上から10番目に「アダルトエンターテインメント」とあり、合計で18・8万ドルが経費として計上されています。ハンターはセックスクラブやストリップクラブ、売春婦に支払ったカネをビジネス経費として計上していたのです。2018年7月5日にハンターは女性に1・8万ドルを送金、そのうちの1万ドルを「ゴルフクラブ会員料金」としていましたが、実際はセックスクラブの会員料金。

2番目に「女性への支払い」で68万ドルとありますが、交際していた女性を含め、勤務実態のない女性たちに給与や健康保険の支払いをしていました。そのうちの一人の女性とセックスクラブに行っています。

また、ビジネス信用枠として借り受けた約2・7万ドルのうち、5分の1がポルノサイトの使用料金。売春婦に2日間で1万1500ドルを使用したことも確認されています。他にもビジネスとは関係のないホテル滞在費用、ランボルギーニのレンタル代、高級服飾品などの支払いや、娘の学費までを経費として計上していたことがわかっています。

■まだあるド変態伝説

ハンターのパソコンに残されていたメールに２０１８年12月17日に大手銀行ウェルズファーゴからのメールがありました。

内容は「口座の残高不足のため、至急対応が必要」というものでした。

このときのハンターのウェルズファーゴの口座残高はわずか44セント（62円）。ハンターは対応策として、「メイジーの５２８アカウント（※）から2万ドルを移せないか」と返答します。※正確な名称は「５２９アカウント」で、教育費の積み立て口座。

メイジーはハンターの三女で、当時高校3年生。翌年の大学進学を控え、学費が必要なタイミングで引き出すことにしていたのですが、ハンターのパソコンに残されていたメールによると、引き下ろした教育費は売春婦、ポルノサイト、ドラッグ、ポルシェの支払いなどに使われていました。

■納税をした理由は裁判所からの制裁回避のため

ハンターが納税をしたのは２０２０年2月18日と6月12日でした。薬物依存から復帰していたときですが、正気を取り戻したことが理由で納税したのではありません。

納税記録を見ると、２０２０年2月18日に申告したのは２０１７年度と２０１８年度分です。その後、6月12日に２０１６年度の申告をしているのですが、おかしいことに気づくでしょうか？

なぜか、２０１６年度分を後回しにしているのです。

この理由は裁判です。２０１９年5月にランデン・ロバーツがアーカンソー州で、6月には元妻キャスリン・ブールがワシントンD.C.でハンターを提訴していました。

ランデン・ロバーツはアーカンソー州在住のストリッパーで、後にハンターとの間に娘ネイヴィーちゃんを授かります。ハンターは認知を拒否しましたが、DNA検査の結果、父親であることが確定し、養育費の支払いに応じています。バイデンは大統領として出席したイベントや会見で何度か孫に関する発言をしていますが、ネイヴィーちゃんはその中に含まれていません。

キャスリン・ブールは離婚で合意した養育費の支払いを求め提訴。

裁判所は養育費の算出のためにハンターの直近2年間の納税記録の開示を命令、しかしハンターは従いませんでした。なぜならばそもそも納税していないので、出すことのできる書類が何もなかったのです。

アーカンソー州裁判所は２０２０年1月16日、ワシントンD.C.裁判所が1月17日を期限に必要書類の提出を命令するもハンターは守らず、1月21日の裁判でアーカンソー州裁判所から法廷侮辱罪の適用を示唆され、３月１日に必要書類の提出期限が再設定され、ギリギリの2月18日に納税申告をしたのでした。

ハンターは納税するつもりは一切なく、裁判を起こされたことでようやく納税をしたということです。さらにただ遅れただけでなく、セックスクラブやポルノサイトの料金を経費として違法な税控除をするという脱税までしていました。

納税が遅れたのは民主党が主張する「薬物依存の影響」ということを3兆歩譲って理解するとしても、脱税は薬物依存の影響は一切関係ありません。脱税の申告をするための書類準備をしたのが２０１９年11月以降のことであり、すでに薬物依存から復帰しているときだからです。

ハンターがバイデンの息子ではなく、トランプ前大統領の息子だった場合、今ごろ死刑判決がでていることでしょう。

■税支払いの肩代わりは選挙法違反？

ハンターのシュガーブラザーと呼ばれるハリウッド弁護士ケヴィン・モリスは、ハンターの税金や家賃、弁護士費用などをローンとして立て替えていると報じられていました。

2023年11月17日、『Just the News』がハンターとモリスの間で作成された覚書きを基にした報道をしたことで、2022年までに総額600万ドル（約8・4億円）の金銭的支援をしていたことが明らかにされました。約200万ドルがハンターの納税に支払われていました。

4つの覚書きの〝ローン〟は年利5％で、2025年10月までは弁済する必要がない契約になっています。後述しますが、モリスはハンターの絵画を購入することで一部相殺していて、ローンとは名ばかりで、ハンターに多額のカネを与えているのです。『ニューヨーク・タイムズ』の2022年5月10日の報道によると、ハンターとモリスの出会いは2019年12月のバイデン大統領選挙キャンペーンの選挙資金パーティでした。モリスはバイデンキャンペーンに2800ドル、バイデンの選挙資金団体に4・5万ドル、反トランプ団体の『リンカーンプロジェクト』に1万ドルを寄付している民主党支持者。

後述するIRS（内国歳入庁）の内部告発者によると、モリスがハンターに多額の資金援助をしていたのは、大統領選挙でバイデン陣営にとってのネガティブ報道が出ることを防ぐためであり、違法な選挙献金に該当するとして、選挙法違反で捜査の対象に入っていました。

民主党支持者のレスリー・ウルフ連邦検事補の反対で、捜査は潰されてしまいましたが、その理由が「選挙法違反捜査は、司法省パブリック・インテグリティ部門に捜査権限を委譲する必要が出てくるから」。

後述しますが、ウルフ連邦検事補は徹底した捜査妨害でバイデン家族を守っていて、自らの手から捜査が離れることを恐れていたのでしょう。

第4節：ＩＲＳ内部告発者が明かした真実

■バイデン家族を追い込むＩＲＳ内部告発者

「手錠をかけられているかのような捜査だった」

ハンターの脱税に関する捜査の95％を担当し、後に内部告発者のひとりになったジョセフ・ジーグラーが、２０２３年7月19日にＣＢＳニュースのインタビューに話したことです。

ハンターは本来だったら２０２０年に起訴されているはずだったのが、内部で徹底した捜査妨害を受け、時効を迎えたことで立件できなかった犯罪があることを、ふたりの内部告発者が明かしました。

日本の国税庁に相当するのが、アメリカ財務省傘下の内国歳入庁〝Internal Revenue Service〟（ＩＲＳ）です。

ＩＲＳには税犯罪捜査部門があり、ＦＢＩや各地の連邦検察オフィスなどと連携して税犯罪の取り締まりをしています。

２０２３年4月19日、アメリカ上院財務委員会、司法委員会、内部告発者保護議員団、連邦下院歳出委員会、司法委員会に書簡が送られ、ＩＲＳ内部告発者が告発をしようとしていることが通達されました。

後にこの内部告発者はＩＲＳ捜査部門主任特別捜査官ゲイリー・シャプリーであることがわかっています。シャプリーの部下のひとりだったジーグラーも後に内部告発することを決めています。

シャプリー主任特別捜査官は勤続14年目のベテランで、ジーグラー特別捜査官も勤続13年のベテラン。政治思想は、シャプリーは中道派で、政党でなく人物で投票先を選ぶとし、ジーグラーは民主党員ですが、２０２０年選挙はハンターの捜査をしていたこともあり、投票は控えたと言います。

シャプリーは２０２３年5月26日、ジーグラーは２０２３年6月1日に下院歳入委員会で宣誓供述していました。

ハンター捜査の知られざる内幕を、宣誓供述スクリプトとその後の公聴会での発言、その他関係者の議会宣誓供述を参考に紹介していきます。トランプ前大統領の息子だったらどうなっていたかを想像しながら読み進めてください。

■始まりは2018年

ハンターの捜査は偶然始まったとシャプリーは言います。

2018年11月、海外素人ポルノサイトの捜査をしていたとき、ハンターが捜査線上に浮上したのです。「ド変態息子」らしいですね。

ハンターの捜査はコードネーム「スポーツマン」と呼ばれ、2020年1月にシャプリーを主任特別捜査官に据えた13人体制の捜査チームが発足します。

本格捜査が始まる前、2019年12月にハンターパソコンをFBIが押収後、FBIから「税犯罪の証拠品が入っている可能性がある」と報告を受け、即時令状を請求。IRS、FBI、デラウェア州連邦検察オフィス、司法省税部門が連携して捜査が始まります。

■司法省高官の捜査介入

２０２０年3月6日、ハンターを含む関係者15人の家宅捜索を検討し、４月１日に裁判所に捜索令状を請求するための申立書の作成を始めます。

このタイミングで司法省高官があれやこれやと口出しを始め、令状請求が進まなかったようです。ハンターは副大統領の息子であり、バイデンは大統領選挙に出馬していた候補者、このような政治的インパクトが大きな捜査は司法省高官の承認が必要になります。

6月16日、シャプリーは別の捜査官とともに上司に「通常だったらすでに家宅捜索と聴取を終え、何かしらの文書の差押えまでできているはずだ」と司法省の介入の苦情を申し立てましたが、司法省に従うよう返答されます。

■ジョー・バイデン関与の証拠の揉み消し

ハンターの海外ビジネスで重要なのが現大統領のジョー・バイデンが関与していたかどうかです。

8月、ハンターのｉＣｌｏｕｄ（ｉＰｈｏｎｅのバックアップデータ）の解析報告書が届き、2017年7月30日のメッセージアプリ〝WhatsApp〟に、バイデンの直接関与を証明することができるかもしれないやりとりがありました。

ハンターがヘンリー・ヂァオ（趙）に送ったメッセージ。ヂァオは第4章で詳述する中国企業『CEFC』の幹部のひとり。当時、ハンターは中国『CEFC』からの500万ドルが送られてこないことに腹を立てていて、ヂァオに対し「今、父の隣にいる。今夜中に約束が果たされなければ、どうなっても知らない。後悔することになる」と、バイデンの存在をチラつかせる脅迫メッセージを送っていたのです。

この数日後、ハンターは中国から多額のカネを受け取るのですが、その件は第4章で言及します。

さて、IRS捜査チームはバイデンの自宅に父とハンターがいたことの裏取り捜査をすることを決めます。ハンターのスマホの位置情報の履歴を入手できれば、動かぬ証拠になるのです。

しかし、2020年9月3日、レスリー・ウルフ連邦検事補はIRSの捜査計画を、「捜索令状を請求するのに十分すぎる証拠だろう」と認めつつ、「価値があるかどうかが問題だ」という意味不明なことを言い出します。

そして、「バイデン自宅の捜索をすれば、多くの証拠を押さえることが可能だろうが、司法省本部からの許可が出るとは〝思えない〟から、諦めるべきだ」と、ウルフ連邦検事補の予想で捜査をしないことを決めます。

ハンターに対する捜査にもかかわらず、電子機器捜索令状からハンターの名前を外すようにも指示を受け、司法省税部門のジャック・モーガンは「ハンターの名前がなくとも、〝ほとんど〟の証拠は揃うだろう」とウルフ連邦検事補に同調。シャプリーは「〝ほとんど〟の証拠で十分な捜査などしたことがない」と言うとおり、ありえないことでしょう。

もうひとりの内部告発者ジョセフ・ジーグラーは「秘密令状で前例のないこと」と証言しています。

また、同日にハンターのウクライナのガス企業『ブリスマ』のロビー法違反捜査に欠かせない『Blue Star Strategies』という会社のメール差押えの承認が下りないことも伝えられ、ロビー法違反捜査も前に進めることができないでいました。

翌4日、選挙前を理由に捜査の中断命令が出ます、司法省は内部規定で、選挙に影響を与える可能性のある捜査を本選挙の60日前からしないことになっているのです。

■ハンターパソコンは使用不可

2020年10月19日、シャプリーはウルフ連邦検事補に「FBIが押収したハンターパソコンの捜査をしたい」とメールします。

IRS捜査チームはハンターのiCloudに保存されたデータは持っていますが、パソコンにしかない捜査関連資料があるかもしれない、というかあるに決まっているので、ハンターパソコンへのアクセスを必要としていました。

10月22日、IRS、FBI、デラウェア州連邦検察で会議をし、ハンターパソコンをIRSに捜査資料として渡さないことが決められます。

ウルフ連邦検事補は〝様々な理由〟で、ハンターパソコンの内容を確認していないとし、捜査には使わないことが念押しされます。

デーヴィッド・ワイス連邦検察官が、ハンターの自宅の家宅捜索をするに十分な推定原因があるとして家宅捜索に賛成していましたが、ウルフ連邦検事補が「司法省が承諾するとは思えない」として、またも反対していました。

■ＦＢＩ本部に滅茶苦茶にされた一斉事情聴取

ご存じのとおり、２０２０年大統領選挙は揉めに揉めました。２０２０年11月10日、ワイス連邦検察官から、１週間後の17日に予定されていた一斉事情聴取を、選挙後の混乱を理由に延期することが告げられます。

新たな日程は12月８日に決まり、ハンターを含む12人に全米で一斉に事情聴取することになっていました。残念ながら家宅捜索は司法省本部から許可が出なかった。12月３日、デラウェア州連邦検察オフィスで12時間超の捜査会議を実施。ワイス連邦検察官は別件で席を外すことが多かったといいます。

その会議でウルフ連邦検事補から伝えられたのが、徹底したジョー・バイデン隠しです。

バイデン家族の海外ビジネスのキーパーソンのひとりがロブ・ウォーカー。一斉事情聴取の対象で、バイデンの海外ビジネス関与を知る人物です。

ウルフ連邦検事補はウォーカーの事情聴取でメールに登場する〝Big Guy（ビッグ

ガイ)〟〝Dad(父)〟について聞くことを禁止します。

IRS捜査チームは、なぜ中国からのカネの10%をバイデンが受け取っていたのか、なぜバイデンの存在を隠すような手口にしていたのか(詳細は第4章へ)を聞きたかったのですが、バイデンに繋がる証拠の裏取りは禁止されたのでした。

事情聴取が実施された12月8日時点でバイデンが大統領選挙に勝利したことになっていたため、ハンターはシークレットサービスの警護対象。

捜査チームは混乱と情報漏洩を防ぐため、当日の朝8時にシークレットサービスのロサンゼルス支部に事情聴取に向かうことを直前通達することが決められました。

12月7日夜、シャプリーら捜査チームは信じられない報告を受けます。

なんとFBI本部が、シークレットサービス本部とバイデン政権移行チームに事情聴取のことを事前通達したのです。

8日の一斉事情聴取実行日の朝、シャプリーはFBI主任特別捜査官のジョー・ゴードンと合流。ゴードンは目に見えて落胆していたといいます。

ゴードンはシークレットサービスから連絡を受け、もしハンターが話をしたいようだったら、ハンターから連絡させるようにすると言われます。

シャプリーとゴードンはハンターの自宅付近で待機している最中、アルフレッド・ワトソンＦＢＩ副支部長から連絡を受けます。

「ハンターは弁護士を通じて接触してくる」

その後、ハンターの代理人弁護士から電話を受け、捜査に必要な書類の提出には応じるが、事情聴取は受けないと伝えられ、ハンターを取り逃がすことになってしまったのでした。

本質的な事情聴取ができたのは12人中ロブ・ウォーカーのひとりだけとシャプリーは証言し、ジーグラーは10人ほどに接触はできたが、ほとんど事情聴取に応じてもらうことはできなかったと証言しています。

■証拠隠滅をさせるウルフ連邦検事補

一斉事情聴取は失敗しましたが、ワシントンD.C.にあるハンターの会社『Owasco』が事務所を閉じ、すべての書類をヴァージニア州北部の倉庫に移すという情報を得ることができ、12月10日に捜査会議が開かれます。

ＩＲＳ捜査チームはすぐに捜索令状の請求に動き出しますが、ウルフ連邦検事補が反対。

12月14日、ＩＲＳ捜査チームはワイス連邦検察官と会議、倉庫に書類が移された後30日のアクセスがなければ捜索をすることが決まります。

捜索が決まった直後、ウルフ連邦検事補はハンターの代理人弁護士に連絡、捜索をすることが決まったことを告げます。

当たり前ですが、捜査に必要な書類は持ち出されたと考えるべきでしょう。

ジーグラーの証言では12月9日に、ウルフ連邦検事補が司法省税部門、ヴァージニア州連邦検察との調整の必要性に関することを言及しているところをみて、捜査はワイス連邦検察官が指揮しているわけではないことを感じたといいます。

■起訴勧告までたどり着くも……

捜査妨害が２０２１年も続きましたが、２０２２年2月25日にＩＲＳ捜査チームは「特別捜査官報告書」をまとめ上げ、司法省税部門とウルフ連邦検事補は「２０１４

年・2018年・2019年の脱税、2015・2016・2017年の故意の税未払い」で起訴勧告することに合意します。

特別捜査官報告書に基づき、司法省税部門は90ページに及ぶ起訴勧告書面を作成。税犯罪は納税申告をする場所で立件するのが基本、捜査はデラウェア州連邦検察が管轄していましたが、起訴するのは2014年・2015年はワシントンD.C.連邦検察、2016年以降はカリフォルニア州連邦検察が管轄することになります。

このような場合、デラウェア州連邦検察はそれぞれの管轄連邦検察に協力要請をする必要があるのですが、結論から言うと、協力は断られました。

2022年3月、司法省税部門はワシントンD.C.連邦検察チームにハンター起訴勧告のプレゼンをします。ワシントンD.C.連邦検察官はマシュー・グレイヴス、バイデンが指名した人物です。

起訴勧告プレゼンの場にはいませんでしたが、報告書を確認し、ハンターの起訴を支持しないことを決めます。バイデン家族を守るためなのは明らか。

7月29日の捜査会議で、ウルフ連邦検事補からワイス連邦検察官が「9月末までに2014年・2015年ケースの起訴をする」と目標を立てたことが伝えられます。

9月中旬、司法省税部門はカリフォルニア州連邦検察に2016年〜2019年の脱税等の起訴勧告プレゼンを実施（2023年1月にカリフォルニア州連邦検察は協力を拒否）。

9月22日、ウルフ連邦検事補から2022年11月8日の中間選挙を理由に、捜査中断をすることが告げられます。

■決定打となった会議

シャプリーが「レッドラインだった」と語る日が2022年10月7日のデラウェア州連邦検察オフィスであった捜査会議です。

このとき、初めてワシントンD.C.連邦検察が協力を拒否していたことを知ります。ワイス連邦検察官は、ワシントンD.C.連邦検察の協力を得ることができなかったこと、他地区で起訴する権限がないこと、司法省本部に特別検察官に任命してもらえるように申し立てたが却下されたことが伝えられ、捜査チームを驚かせたといいます。

なぜならワイスの衝撃的な発言は、2014年・2015年の脱税等の犯罪が時効を迎えることを意味していたからであり、カリフォルニア州の起訴も絶望的であることを意味していたからです。

■捜査の中止と隠蔽

10日後、それでも捜査を継続しようとする捜査チームに司法省税部門から「これ以上の大陪審を使った召喚状はない」と、捜査を切り上げることが通達されます。

その後、司法省本部は捜査チームに対して捜査に関わるすべてのメール等の履歴やデータを要求。5月にも同様の要求があったのですが、捜査報告ではなく、内部のやりとりを要求するのは異常なことで、シャプリーは「司法省や連邦検察による、非倫理的な介入に関する不満をどれだけ言っていたのか」を調べようとしていたのではないかと推察しています。それ以外に説明のつかない異常な要求だったのです。

FBIの担当捜査官にも同様の要求があったことが、11月7日にFBI特別捜査官のマイク・ジエラークから電話で伝えられます。

2023年1月、カリフォルニア州連邦検察官マルティン・エストラーダが起訴しない方針を固めたことを知り、すべての税犯罪の捜査努力が水の泡になった事実を突きつけられたのでした。

■内部告発を決意した瞬間

約5年にわたる捜査を妨害したのは、司法省本部と税部門、連邦検察、FBI本部ですが、これらのトップにいるのが司法長官メリック・ガーランドです。

ガーランド司法長官が2023年3月1日、上院司法委員会公聴会に出席、そこでの宣誓証言がシャプリーに内部告発の決意をさせます。

ガーランド司法長官はワイス連邦検察官について、「ワイス連邦検察官に〝どのような罪状で、管轄外の地区であろうとも立件することができる、完全な権限〟があることを通達している」とし、「ワイス連邦検察官には必要な援助はすべてすることを伝え、彼らが何かできないことがあるとの報告は一切受けていない」と証言したのです。

10月7日の会議でワイス連邦検察官から通達されたことと真逆であり、ガーランド司法長官が上院議会で偽証したということなのです。
この瞬間、シャプリーは内部告発する決意をしたのでした。

■逃げ切ることに成功した脱税・ロビー法違反

シャプリーらの内部告発があったこと、レスリー・ウルフ連邦検事補の代わりにレオ・ワイズ特別検事補が加入したことで司法取引を破談させられたことにより、ハンター捜査で手抜きは不可能になったからか、ワイス連邦検察官は特別捜査官に任命され、カリフォルニア州で脱税を含め起訴をすることができました。

しかし、先述のとおり、２０１４年の脱税、２０１５年の故意の税申告遅れは時効を迎えたため、約12・5万ドルの脱税に成功したことになります。

同時にロビー法違反も時効を迎えたことで、ウクライナのガス企業『ブリスマ』におけるる違法行為を追及することが不可能になりました。

しかし、『ウォールストリートジャーナル』が２０２３年9月27日に「脱税や税の申告遅れが〝意図的〟な場合、時効は〝最後の〟積極的隠蔽行為から始まる」と指摘、公になっていないだけで、水面下で動きがあるかもしれません。

また、ワイス特別検察官は2023年11月7日に下院司法委員会で、共謀の場合に時効を過ぎていても起訴できる可能性があることに言及しています。

個人的には、ワイス特別検察官がウルフ連邦検事補のやりたい放題を放置していたことを考えると、そこまで熱心に追及するとは思えませんが。

第5節：ウクライナのガス企業『ブリスマ』とハンター

■汚職大国ウクライナの汚職の権化企業に降臨

ハンターが脱税していた収入の一部はウクライナのガス企業『ブリスマ』からのものでした。

2014年にビジネスパートナーのデヴォン・アーチャーとともに、取締役待遇で迎え入れられ、脱税の起訴状によると2014年〜2016年は約100万ドル（12カ月で分割して月8・3万ドル）、2017年は約63万ドル、2018年は約49万ドル、2019年4月に取締役を退任するまでに約16万ドルの収入を得ていました。ハンターに天然資源を取り扱うビジネスの経験は一切ないにもかかわらず、このような莫大な金額が渡っていたのは、「バイデン」という名前があったからこそです。

同時に取締役になったアーチャーは「ブリスマは〝バイデン〟という名前に守られていた」と下院議会で証言し、ブリスマのCEOミコラ・ズロチェフスキーも後述するFBI内通者に「ハンターを雇った理由は、バイデンという名前だ」と言っているのです。

つまり、ハンターは自分の実力ではなく、ハンターの父、当時アメリカ合衆国副大統領だったジョー・バイデンの影響力のおかげで、莫大なカネを手に入れることができていたのです（ウクライナに限らず、大学を卒業してからずっとなのですが、詳細は第1弾書籍をご参照ください）。

2017年3月から報酬が半減されているのは、バイデンが副大統領を退任したからなのは明白です。

ウクライナは汚職の絶えない国家のひとつであり、EU加盟の障壁のひとつになっていました。ハンターが加入した『ブリスマ』のトップは、「汚職の権化」として名指しされている人物でもあります。

在ウクライナアメリカ大使ジェフリー・パイアットが、2015年9月24日にウクライナ南部オデッサでビジネスリーダーに向けた演説の中で、『ブリスマ』のCEOズロチェフスキーの名前を出し、汚職で得た2300万ドルの問題を指摘したのです。

この2300万ドルは、2014年4月28日にイギリスの裁判所の命令で凍結されていて、その約2週間後の5月12日にハンターの取締役就任が発表されています。

■ブリスマを救った「バイデン」パワー

影響力を実際に悪用したのが、ヴィクトル・ショーキン検察長官の解任です。第1弾書籍でも紹介しましたが、新事実が明らかになっています。

ショーキン検察長官の前任者はヴィタリー・ヤレマ。2014年6月19日に検察長官に就任していましたが、ズロチェフスキーから多額の賄賂を受け取り、汚職とマネーロンダリングの捜査をしなかったことが発覚し解任されていました。

後任としてショーキン検察長官が2015年2月10日に着任、2016年3月29日に解任をウクライナ議会が承認しています。

表向きの解任理由はアメリカ・EU・IMFからの「『ブリスマ』の汚職捜査をしていない」という指摘でした。

真の解任理由は、「『ブリスマ』の汚職捜査を真面目にやりすぎたから」です。

タイムラインに沿って、何が起きていたのかを見ていきます。ちなみに当時副大統領のジョー・バイデンは、ウクライナ問題を任せられていました。

【2014年】

4月1日：デヴォン・アーチャーが『ブリスマ』の取締役に就任。

4月16日：アーチャーがホワイトハウスを訪問し、バイデンと会談。

4月18日：ハンターが『ブリスマ』の取締役に就任。

4月21日：バイデンがウクライナ訪問。

4月22日：アーチャーの『ブリスマ』取締役就任を発表。

4月28日：イギリスがズロチェフスキーの資産2300万ドルを凍結。

5月12日：ハンターの『ブリスマ』取締役就任を発表。

12月18日：バイデン・オバマの要求に議会が応じ、5000万ドルのウクライナのエネルギー産業支援が決まる（⬇『プリスマ』の利益に直結）。

【2015年】

2月10日：ショーキン検察長官着任。

4月16日：『プリスマ』のナンバー3ヴァディム・ポジャールスキーらハンターのビジネス仲間がワシントンD.C.でバイデン当時副大統領と会食。

6月9日：国務省国務次官補ヴィクトリア・ヌーランドがショーキン検察長官の汚職撲滅計画と活動を「素晴らしい」と絶賛するレターをパイアット在ウクライナ大使に渡す。

6月11日：パイアット大使がレターをショーキン検察長官に渡す。

10月1日：アメリカ財務省・国務省・司法省などの合同チームが「ウクライナは経済援助第3弾を受けられるだけの改善が見られている」として、ウクライナの汚職対策が進んでいることを米国政府機関が認めていた。

11月2日：ポジャールスキーがアーチャーとハンター宛てにメールを送信。『Blue Star Strategies』を使ったロビー活動で、ズロチェフスキーに関する〝ポジティブな意見〟をアメリカ政府高官・ウクライナ政府高官に伝えることで、「ズロチェフスキーへの汚職捜査を潰すこと」を求めていた。
11月4日：ハンターが国務省職員アモス・ホッホシュタインをお茶に誘う。後にホッホシュタインは、「バイデン副大統領が私と会い、ハンターの『ブリスマ』の仕事に関して話したことを、息子に伝えたようだった」と証言。
11月5日：バイデンがペトロ・ポロシェンコ大統領と電話会談し、10億ドルの支援をする用意があることを伝える。
11月12日：ホッホシュタインがハンターに電話。
11月22日：バイデンがショーキンの解任を要求。
12月4日：ドバイにいたズロチェフスキーとポジャールスキーが、ハンターに「ジョー・バイデンと電話」をできるように強く求める。下院政府監督委員会のデヴォン・アーチャーによる宣誓証言によると、ブリスマ高官たちは「ウクライナ政府（検察）からの捜査によるプレッシャーを感じていた」と言い、ハンターはその場でバイデンに電話をし、バイデンは『ブリスマ』高官たちとスピーカーフォン越しに話をした。

12月7日：バイデンがウクライナ訪問、汚職撲滅のための190万ドル支援を発表。
12月18日：EU委員会が「ウクライナが反汚職の基準を達成した」とする報告書を公開。

【2016年】
1月15日：1000億円支援の条件の草案がまとまる。ショーキンの解任は条件に〝含まれていなかった〟。
1月20日：スイスで毎年開催されるダボス会議でバイデンとポロシェンコ大統領が会談し、反汚職アジェンダの推進の必要性を伝えた。
1月21日：国務省内部のメールで、バイデンがショーキン解任を条件に入れたことをウクライナメディアが報じ、驚いていた。
2月2日：裁判所命令により、ズロチェフスキーの所有する家4件、土地2か所、高級車ロールスロイスなどを差押える。
2月11日：バイデンがポロシェンコ大統領と電話会談。
2月16日：ポロシェンコ大統領がショーキン検察長官に辞任要求。

2月18日：バイデンがポロシェンコ大統領と電話会談。
2月19日：ポロシェンコ大統領がショーキン検察長官から辞任願いの書簡を〝受け取った〟ことを発表。同日、バイデンがポロシェンコ大統領とアルセニー・ヤツェニュク首相と電話会談。
3月16日：ショーキン検察長官が職務復帰した報道がされる（辞任したのではなく、バケーション休暇だっただけとも言われている）。
3月22日：バイデンがポロシェンコ大統領と電話会談（このときバイデンが即時ショーキン検察長官の解任をするように脅したと言われている）。
3月29日：ウクライナ議会が正式にショーキンの解任を承認する。
4月14日：バイデンとポロシェンコ大統領が電話会談。
5月12日：ポロシェンコ大統領がユリイ・ルチェンコを新検察長官に指名。
5月13日：バイデンがポロシェンコ大統領と電話会談し、ルチェンコ新検察長官の指名を歓迎し、10億ドルの支援を約束する。
6月3日：10億ドル支援が正式に署名される。

タイムラインに沿ってウクライナで起きていたことを見てきましたが、副大統領時代のバイデンが息子のいる会社を守るため、権力の濫用をしたとしか思えないようなことが起きています。

主要メディアは「ショーキンは汚職捜査をしていなかった」と報じ、バイデンがショーキンの解任要求をしたことを正当化していますが、ハンターのメールや電話のタイミングを考慮すると、違う結論になるでしょう。

ショーキンを解任した後、新検察長官は『ブリスマ』に対する捜査やズロチェフスキーに対する不正蓄財やマネーロンダリングの捜査を、子会社の脱税にすり替え、不正に得たガス採掘許可証の取り消しの裁判書類の提出期限を守らなかったことで裁判所から棄却命令が出された挙句に「証拠不十分」として捜査を終了させています（トランプ政権の要求に応じ、２０１９年10月に15件の汚職の再捜査が発表）。

このショーキン解任騒動は、２０１９年7月25日のトランプ大統領とゼレンスキー大統領の電話会談で話題に出て、これがきっかけでトランプ大統領の弾劾裁判にまで発展しています。

「トランプが職権濫用し、大統領選挙の主要対抗馬を陥れようとした」という民主党と左翼メディアの妄想で弾劾にまで発展しました。

タイムラインで紹介した証拠のいくつか（アメリカ政府内部のメールや書簡）は弾劾裁判でトランプ弁護団に提供されずに隠されていましたが、これらの証拠をみれば、バイデンこそが職権濫用し、アメリカの外交政策を変更していた汚職犯罪者だったことがわかるでしょう。

第６節：ロビー法違反の行方

■ロビー法違反とマネロン起訴を期待させる起訴状

ハンターの脱税起訴状は最も重要なロビー法違反やマネーロンダリングの起訴があることを期待させるとも、見逃すともとれるようになっています。

起訴状冒頭の第１パラグラフは次の文で始まります。

"Defendant ROBERT HUNTER BIDEN (hereafter "the Defendant") was a

Georgetown- and Yale-educated lawyer, lobbyist, consultant, and businessperson and, beginning in April 2018, a resident of LosAngeles, California.”

「被告ロバート・ハンター・バイデン（以下「被告」）は、ジョージタウン大学およびイェール大学出身の弁護士、〝ロビイスト〟、コンサルタント、ビジネスパーソンであり、2018年4月からはカリフォルニア州ロサンゼルスに在住」

ハンターが〝ロビイスト〟として活動していたことにわざわざ言及しているのです。ロビイストとは、特定の団体・企業および個人のために、政党や議員に働きかけるロビー活動を専門とする人々のことで、アメリカでは外国政府・外国企業のロビイストとして活動する場合、登録をする必要があります。

外国勢力による活動を禁止せず、登録を義務付けることで、どのような影響力行使がされているのかの透明性を担保することが目的です。

ロビー活動の名前の由来は、アメリカ第18代大統領グラントが嫌煙家の妻からホワイトハウス内での喫煙を禁止され、ホテルのロビーで喫煙するようになったところに、様々な関係者がグラント大統領に陳情するようになったことだと言われています。

ハンターは少なくともウクライナと中国とのビジネスにおいて、ロビイストのような活動をしていましたので、ロビー法違反に問われる可能性が高いのです。

正式には「外国代理人登録法」で略称はＦＡＲＡ。違反には軽犯罪と重犯罪の両方があり、軽犯罪は最大で禁錮６カ月、罰金５０００ドル、重犯罪は最大で禁錮２年、罰金25万ドルです。

失敗した司法取引の裁判で、ロビー法違反の捜査が継続しているとワイズ特別検事補が言及しています。

起訴状でハンターのことをロビイストとしていることが、「ロビー法違反の起訴があるから覚悟しておけ」という警告なのか、「ロビイストとして真っ当に働いていたと認識しているから、ロビー法違反は見逃すね」という意図なのか、本書が出版されるころに進展がみられることを期待したかったのですが、司法省により先手を打たれてしまっているようにも見えます。

■『Blue Star Strategies』

ハンターが『ブリスマ』との取引で頼っていたのがワシントンD.C.拠点の『Blue Star Strategies』。カレン・トラモンターノとサリー・ペインターが設立したコンサルティング会社で、ハンターの代わりに〝ロビー登録せず〟に『ブリスマ』のためのロビー活動をしていました。

カレン・トラモンターノは1997年〜2001年にかけてクリントン元大統領の副首席補佐官を務め、サリー・ペインターは1993年〜1995年にかけて、クリントン政権のシニアアドバイザーだったという民主党高官コンビ。

2015年11月に『ブリスマ』捜査を潰すために起用され、アメリカ政府高官と接触していたことが明らかになっていたため、ロビー法違反捜査を受けていました。

ところが、2022年5月12日にバイデン司法省は『Blue Star Strategies』に対し、遡及したロビー登録を認め、「問題なし」として捜査を打ち切ったことが判明しています。

トランプ前大統領の2016年選挙キャンペーン委員長のポール・マナフォートは同じウクライナでのビジネスに関して、ロビー法違反で逮捕され、有罪判決を受けています。マナフォートは遡及したロビー登録は許されませんでした。

バイデン司法省による、特別な配慮があったとしか思えません。『ブリスマ』に関わったアメリカ人で、ロビー法違反の疑いがあったジョン・ブレッタも遡及したロビー登録が許されています。

2024年1月4日、ブレッタはロビー登録せずに『ブリスマ』CEOのズロチェフスキーの代理人としてロビー活動をし、2016年3月に3人のオバマ政権高官と接触し、9月にオバマ政権にレターを出していたこと、約35万ドルを受け取っていたことを明らかにしました。

バイデン弾劾調査が進んでいること、ハンターに対する特別検察官による捜査が進んでいることを受け、司法省が先手を打ってきたのでしょう。2020年選挙時の司法省職員の政治献金先は、87・6％が民主党、共和党はたったの12・4％。明らかな民主党バイアスがあることも理由のひとつと言えるでしょう。

■ハンター主催の晩餐会

ハンターのロビー法違反の例として挙げられているのが、当時副大統領だったバイデンを招いた晩餐会を主催していたこと。

2015年4月16日、ワシントンD.C.のレストラン『Café Milano』にウクライナ、カザフスタン、ロシア、メキシコからビジネス仲間が集結し、副大統領のバイデンと会食をしていたのです。

ウクライナからは『ブリスマ』のポジャールスキーが参加し、翌日には「昨日はお父さん（バイデン副大統領）に会えてよかった」とハンターに感謝のメールを送っています。

ロシアからはエレナ・バトゥーリナが参加。バトゥーリナは2014年2月14日にハンターの会社に350万ドルを送金している、元モスクワ市長の妻で汚職により巨万の富を築き上げた人物です。

カザフスタンからはケネス・ラキシェフ、カリム・マシモフ、マーク・ホルツマンが招待されていました。ラキシェフは当時のナザルバエフ大統領の最側近の義理の息子であり、カザフスタン商工会議所の会長を務めたこともある大物。ハンターの高級スポーツカーの代金約14万ドルを支払っています。

マシモフは元首相ですが、2022年1月に国家反逆罪で逮捕されています。ホルツマンはカザフスタン最大の銀行の頭取です。

このようにハンターとカネの繋がりがある人物たちが、バイデンと会食していたのです。

民主党は『ワシントン・ポスト』のファクトチェックを引用し、「バイデンは立ち寄っただけで、水すら飲んでいない」と主張していますが、アーチャーは下院政府監督委員会に「しっかり食べていた」と証言。

バイデン民主党は「息子のビジネスには一切関与したことがない」と主張していましたが、ラキシェフ、マシモフ、ハンター、そして、バイデンが写った写真は広く出回っていて動かぬ証拠が出てきたことで、「水すら飲んでいない」に物語が変わっていることに気づいていないのでしょうかね。

第3弾書籍で紹介しましたが、ラキシェフの会社がロシアの軍事支援をしていることが明らかにされましたが制裁されていませんし、バトゥーリナもロシアのオリガルヒのひとりですが制裁対象には入れられていません。

■セルビア元外務大臣ブーク・イェレミッチ

下院政府監督委員会が2023年5月10日に公開した報告書によると、セルビアの元外務大臣ブーク・イェレミッチとハンターの関係に犯罪性があることがわかっています。

イェレミッチは2007〜2012年にセルビアの外務大臣を務め、2012年9月から最年少の国連総会議長を務めました。

第4章で詳しく扱う中国企業『CEFC』とバイデン家族を繋げようとした人物でもあります。

イェレミッチは2016年6月16日に一通のメールをハンターと最側近シュヴェリンに送っています。

それは「副大統領の国家安全保障補佐官コリン・カールに会えるように手はずを整

えてほしい。国連事務総長選挙に関する話をしたい」というものでした。

このとき、国連事務総長の座を巡る選挙の真っ最中で、イェレミッチはバイデンの影響力を使って事務総長になれるよう画策していたのでしょう。

２０１６年7月2日、イェレミッチは再度メールを送ります。「国連事務総長選挙に副大統領オフィスが関与できないようだ」という内容でした。つまり、イェレミッチは希望どおり、副大統領オフィスに接触することができていたのです。これは明らかなロビー法違反行為と指摘されていますが、すでに時効を過ぎてしまっているので追及することは残念ながらできません。

イェレミッチは国連事務総長選挙は第2位で終わり、事務総長になる夢は叶いませんでしたが、代わりに中国からの莫大なカネを受け取ることができています。

バイデン家族に数億円を送っている中国企業『ＣＥＦＣ』が、イェレミッチにも多額のカネを渡していたのです。

イェレミッチが代表を務めるシンクタンク『Center for International Relations and Sustainable Development』に3回に分け総額３００万ドルが送金されていて、送金元は『State Energy HK Ltd』、２０１５年8月19日１２２万ドル、8月19日28

万ドル、２０１６年６月15日１５０万ドルです。中国からの３００万ドル送金が完了した翌日、ハンターらにメールを送っています。

多額のカネの目的は、国連事務総長にイェレミッチがなったときを見据えた中国の影響力工作の一環であると考えられます。現在の国連機関が中国に乗っ取られているのは、このようなカネのやりとりがあるからなのでしょう。

第７節：ＦＢＩ内部告発者が明かした真実

■ FD-1023

２０２３年５月３日、チャック・グラスリー連邦上院議員とジェームズ・コマー連邦下院議員が連名でクリストファー・レイＦＢＩ長官とメリック・ガーランド司法長官にレターを出し、ＦＢＩ内部告発者による通報を受けたことを明かしました。

ＦＢＩがバイデン家族に関する内通者から受け取った報告書を隠しているということが暴露されたのです。ＦＢＩは世界中にＣＨＳ（Confidential Human Source）と呼ばれる内通者を持っています。内通者には専属のＦＢＩ特別捜査官がつき、指示を受けたり報告したりします。内通者による報告は『FD-1023』という書式の報告書にまとめられ、必要に応じて捜査が行われます。

共和党議員はＦＢＩのもつバイデン家族に関するFD-1023の公開を求め、当初はＦＢＩは提供を拒否していましたが、下院政府監督委員会が議会侮辱罪を適用の審議入りしたタイミングでＦＢＩは渋々提供したのでした。

■副大統領時代の汚職疑惑

バイデン家族に関するFD-1023はウクライナのガス企業『ブリスマ』とハンター、さらにはバイデン当時副大統領についての疑惑が報告されていました。

情報源はブリスマのアドバイザーをしていたアレキサンダー・スミルノフで、10年以上のＦＢＩ内通者歴をもち、過去に大きな事件の情報源にもなり、20万ドル以上の報酬を受け取っているベテラン内通者。ＦＢＩ内部の定期的な内通者の信用度のチェックで高い評価を得ている人物であります。

一部黒塗りされているFD-1023の実物が公開されていて、「副大統領時代のバイデンが、『ブリスマ』からの賄賂の見返りに、外交政策を変えていた」ことが報告されていました。この外交政策というのは、『ブリスマ』の捜査をしていたショーキン検察長官の解任要求のことです。

FD-1023の内容をまとめると次のとおり。

◆報告書が最初に作成されたのが2017年3月、2020年6月30日に更新されている。
◆報告者は2015年後半〜2016年に、『ブリスマ』を別のFBI監視対象者で別の内通者が接触していたオレクサンドル・オスタペンコに紹介される。
◆ハンターを取締役待遇で迎え入れたのは「父の力で守ってもらうため」で、ポーランドの元首相を取締役に据えたのは、欧州でのビジネス拡大のため。
◆ハンターがいるのに、なぜ私が必要なのかをポジャールスキーに尋ねると、「ハンターは賢くないから」と返答し、ズロチェフスキーは「ハンターは馬鹿で、俺の犬の方が賢い」と発言。

◆内通者が「汚職捜査対策は、ハンターをクビにし、5万ドルで腕のいい弁護士を雇って真っ当に対応した方がいいのではないか」とズロチェフスキーに提案したところ、ズロチェフスキーは笑って「すでに500万ドルをバイデン（＝ハンター）に、もう500万ドルをもう一人のバイデン（＝ジョー）に払ってしまっている」と発言。

◆ズロチェフスキーはバイデンへの支払いを〝poluchili〟だと説明。Poluchiliはロシア語の犯罪スラングで「支払いを強制する」という意味がある。

◆バイデンへの支払いは複雑なマネーロンダリングスキームで送金しているので、見つかるまでに10年はかかる（※ハンターパソコンに残されていたメールから、マネロンの巣窟になっている島国マルタの『Sata Bank』という銀行に『ブリスマ』用の口座を開設していることがわかっているが、『ブリスマ』の給与は別口座に送られているため、マルタにわざわざ口座開設をした理由はコレではないかと疑われている）。

◆ズロチェフスキーは万が一の保険として、17の音声と2つの送金書類を所有している。

◆2つの音声は当時副大統領のバイデン、15の音声はハンターとの会話録音。
◆内通者を『ブリスマ』に紹介したオスタペンコは、現在ゼレンスキー政権の職員。

バイデンは〝副大統領時代〟に、〝賄賂を強制〟することで、息子のいる会社を守るため、他国の検察長官を解任させていたのです。

デヴォン・アーチャーの宣誓供述では、賄賂の存在は知らず、ズロチェフスキーが大袈裟に言っているか、ハンターが取締役に就任したことで得たカネのことを言っているのではないかと証言しています。

■信憑性のある情報だったが……

2023年10月23日、元ペンシルベニア州連邦検察官スコット・ブラディは下院司法委員会で、FD-1023の捜査に関する宣誓証言をしています。

ブラディは副司法長官に、広範なウクライナの汚職と『ブリスマ』とハンターの関係に関する捜査をするように指示を受け、「FD-1023の内容の一部の裏取りができていて、信憑性を示す十分な指標があった」と証言。

内通者はズロチェフスキーやポジャールスキーから直接聞いた話を報告しているのですが、会ったと証言している場所への渡航歴の確認がとれていたのです。

元々はトランプ前大統領の顧問弁護士ジュリアーニが入手した情報が捜査の発端になっていたようですが、ブラディは2017年作成のハンターに関するFD-1023の存在を知り、FBIに内通者に再度聴取をするように求め、2020年6月に2度目の事情聴取がされました。

選挙イヤーとはいえ、捜査は経験したことがないほど制限され、ひとつの行動をとるのにFBIや司法省高官17人の許可が必要だったことを、「FBI高官にためらいがあった」ように感じたと証言。

ブラディは2020年9月3日に更なる追加捜査が必要とする報告書をまとめ、10月にハンターに関連する捜査を扱っていたデラウェア州連邦検察・ニューヨーク州東部地区連邦検察、ニューヨーク州南部地区連邦検察、FBIボルチモア支部に情報伝達し、捜査が移譲されました。

ブラディは大陪審の召喚状を使った更なる捜査がされることを予期していたと言いますが、その後どうなったかは不明とのこと。

２０２４年２月14日、スミルノフはアメリカに帰国したところを逮捕されました。公開された起訴状によると、内通者として報告した内容をでっち上げた容疑がかけられています。

この起訴には不審な点があり、「ロシア疑惑２・０」と指摘されています。

なぜ、２０２０年６月に報告があった時点で本格的な捜査をしなかったのか。ブラディの予備捜査で「信憑性がある」とされていましたが、ワイズは特別検察官に指名されるまで捜査していませんでした。

起訴状によると、ＦＢＩピッツバーグ支部は「捜査の必要性なし」と判断し、捜査を終了させたということで、ブラディと対立する報告を共同捜査をしていたブラディには知らせていなかったよう。

そもそもスミルノフの内通者報告は２０１７年３月にありました。なぜ、この時点で捜査をしなかったのか。民主党はこの起訴を根拠に共和党のバイデン家族捜査を終了させるよう要求していますが、銀行口座情報という決定的な証拠があるため、バイデン家族の追及が止まることはないでしょう。

■FBIが潰した情報

チャック・グラスリー連邦上院議員は2023年10月23日のFBI長官と司法長官宛てのレターで、FBIによるバイデン家族を守る姿勢を批判、FD-1023に関するFBI本部の怪しい動きを指摘しています。

2020年8月、FBI本部の主任諜報分析官ブライアン・オートゥンは「ハンター・バイデンに関する情報は、ロシアの情報工作」とする報告書をまとめ、FBI海外影響力タスクフォースはオートゥンの報告書を根拠に、ハンターに関する情報は「外国の誤情報工作」とする警告を各支部に出していたのです。

9月14日には、海外影響力タスクフォースは内通者のハンドラーに対し、バイデン家族に関するものは誤情報であるため、これ以上内通者に聴取しないよう圧力をかけていました。

ブラディによると、内通者に再聴取を依頼した後、FBI上層部から反発があったが、6月に再聴取が実現。そこから2カ月もしないタイミングで、「ハンター関連は海外情報工作」というハンター関連情報の信憑性を疑う報告書がＦＢＩ本部から出てくるのです。オートゥンは２０１６年の「ロシア疑惑」に深く関与している人物であることを踏まえると、政治的な意図があったように思えます。

さらに、ブラディはハンターパソコンの存在を知らされておらず、『ニューヨーク・ポスト』の報道でパソコンの存在を初めて知ったと言います。先述のとおり、ウクライナに関わる重要な情報が詰まったハンターパソコンをＦＢＩは２０１９年11月に本物と認定し、12月時点で押収しています。

また、ＩＲＳ内部告発者たちは、FD-1023の存在を知らされていませんでした。ＦＢＩがバイデン家族を徹底して守ろうとしているのは明らかです。グラスリー議員のレターによると、一時期バイデン家族周辺には40人以上の内通者がいたことが明かされています。

ここで疑問に思うのが、バイデン家族の中に大量に内通者を仕込んでおきながら捜査の妨害をするという矛盾。考えられるのは、脅迫に使うことではないでしょうか。

２０１６年大統領選挙で、ＦＢＩは民主党と結託して「ロシア疑惑」をでっち上げました。ところが、選挙直前にヒラリー・クリントンのメール問題の再捜査を発表し、それがきっかけでトランプに敗北したとも言われています。

隠れトランプ支持者を知らずにヒラリーが勝利するという左派メディアの物語を信じヒラリー政権が誕生することを前提にして、ヒラリーを脅す目的だったのではないかと思います。そして、バイデン家族に対する大量の内通者も脅迫目的なのではないでしょうか。それ以外に納得にいく理由が見つかりません。

■ハンター・バイデンの真実

ハンターが〝バイデン〟という名前を使ったビジネスを始めたのは大学院卒業直後から始まっていて、バイデンの大口支援者の会社であるＮＢＮＡに入社。２００９年（＝バイデンが副大統領に就任した年）には、デヴォン・アーチャーらと中国ビジネスを開始。カザフスタン、ロシア、ルーマニア、ウクライナ、メキシコとビジネスを拡大していきました。詳しくは第１弾書籍で紹介しています。

具体的にモノやサービスを提供しているのであれば、正当なビジネスと言えるかもしれませんが、ハンターのビジネスには実態が伴わないものが多いことが問題です。

ここまで紹介したのはハンターの疑惑の一部に過ぎません。次章ではバイデン家族が絡んだ汚れたビジネスや特別待遇の実態を紹介しますが、この第3章、次章の内容は私の知るバイデン家族の闇のうち、3割程度でしかありません。当然、私の知らないことが多くあるはずですから、おそらく全体の1割程度ではないでしょうか。本1冊では収まりきらないほどの悪事を働いているのがバイデン家族なのです。

第4章

バイデン家族の真実

第1節：汚れたビジネスの実態が暴かれる

■バイデン家族の捜査が始まった

長らく陰謀論扱いされていたバイデン家族の汚れたビジネスの実態を明らかにするため、２０２３年１月３日から始動した共和党が多数席を占める第１１８下院議会が議会権限を使った徹底捜査を始めています。最終目標はバイデンを弾劾裁判にかけることです。

議会権限を使ったバイデン家族の捜査は下院政府監督委員会委員長ジェームズ・コマーが主導。２０２３年9月12日には、当時の下院議長ケヴィン・マッカーシーの指示で政府監督委員会に加え、司法委員会（委員長ジム・ジョーダン）、歳入委員会（委員長ジェイソン・スミス）の合同委員会による弾劾に向けた調査を開始するよう指示、12月13日には下院議会の賛成多数で正式な弾劾調査を開始しています。

下院議会は法的拘束力のある召喚状を使い、バイデン家族やその仲間たちに関連書類の提出や議会に召喚し宣誓供述させています。

本章ではバイデン家族がどのようにして海外から多額のカネを受け取っていたのかを明らかにしていきます。最終目標のバイデンの弾劾につなげられるかですが、大きな壁があります。

■弾劾の壁

まずは簡単に弾劾の仕組みを紹介します。

アメリカ合衆国憲法第１条第２節第５項で、弾劾の訴求権限は下院議会の専権事項であると定められ、過半数の賛成が必要です。弾劾の対象は「国家反逆罪、収賄罪、その他の犯罪と非行」と定められています。

上院議会に弾劾裁判所が設置され、出席議員の３分の２以上の有罪判断で罷免されます。連邦上院議員は１００人ですので、全員出席の場合は67人以上の同意が必要で、民主党から18人の造反が必要です。

よほどのことがない限り、弾劾を成功させるのはほぼ不可能なのですが、弾劾裁判が成功するとは誰も考えていないでしょう。しかし、バイデンを弾劾裁判にかけることにより、バイデン家族の汚れたビジネスの実態が生放送で全米に放映され、長らく陰謀論扱いされていたことが事実であったことを多くの国民が知ることになります。

今の進行具合ですと、ちょうど大統領選挙の期日前投票の始まる9月に間に合うはずで、バイデン民主党により生活水準が下げられた人々の気持ちに変化を与えるのに十分でしょう。

とはいえ、そもそも弾劾決議案を下院議会で通過させることに大きな壁があります。バイデンの〝副大統領時代〟の汚職の疑惑は第3章で紹介したとおり、本章で中国やルーマニアとの疑惑を紹介しますが、それも副大統領時代、または、副大統領時代退任後の一般人になってからのもの。現在の大統領としての疑惑ではないのです。

共和党連邦上院議員のマークウェイン・マリンは2023年12月15日に『Newsmax』のインタビューに「現在の大統領職で犯した罪でなければならない」と発言。

1974年に下院司法委員会でリチャード・ニクソン元大統領の弾劾に携わっていたエヴァン・デイヴィスも同意見で、「第一に、在職中にのみ弾劾することができる」と主張しています。

では、弾劾できそうな大統領就任後のネタがまったくないのかと言うと、実はそうでもありません。具体的には3つあり、犯罪の幇助、買収、機密文書問題です。

■議会侮辱罪の幇助の疑い

弾劾調査として、ハンター・バイデンは2023年12月13日に下院議会で宣誓供述をさせるために召喚状で呼び出されました。

当日、ハンターは弁護士や中国のハニトラに引っかかったことで有名な民主党下院議員エリック・スウォルウェルとともに連邦議事堂前まで来ただけで、議会には姿を現しませんでした。

ハンターは会見を開き、約4分間あらかじめ用意していた台本を読み上げ、「俺は準備万端だ」と言い、去っていきました。

召喚状を無視する行為は議会侮辱罪が適用される犯罪です。1月に議会侮辱罪の手続きを始めたところ、怖気づいたハンター陣営が議会に接触し、2月28日に宣誓供述することが決まり、議会侮辱罪の適用は見送られました。

ホワイトハウス報道官はハンターが召喚状を無視することについて「バイデン大統

領は、息子が何を言うつもりなのかをよく知っている」と発言。

憲法学者のジョナサン・ターリーは、「大統領がハンターとどのような話をし、召喚状を無視する手助けをしていたかどうかを徹底的に調べるべき」と指摘しています。犯罪の幇助をしたかもしれないということです。

これに関しては、残念ながら議会侮辱罪の適用が見送られたことで難しいでしょう。

ちなみに、ハンターは1月10日に下院政府監督委員会が議会侮辱罪を適用すべきかどうかの審議をしているところに事前告知なしで現れました。共和党議員からボロカスに言われた後に立ち去りましたが、ネットフリックスで公開するドキュメンタリーの撮影のため、パフォーマンスで来たのではないかと言われています。

■ピカソと松尾芭蕉のDNAを併せ持つ奇才

「バイデン」という名前で荒稼ぎをしているハンターですが、現在はアートの世界に進出しています。

2021年10月にカリフォルニア州ロサンゼルス、11月にニューヨーク州ニューヨークシティ、2022年12月にニューヨークシティで計3回の個展を開くほど。

第2弾個展のテーマは「俳句」で、ハンターご自慢の絵画の裏に俳句が書かれています。『ワシントン・ポスト』の報道によると、この個展の絵画の値段は5・5万ドル～22・5万ドルで、その前の初個展は最高で50万ドルの値がつけられた傑作があったとのこと。美術界の巨匠ピカソと俳句界の偉人松尾芭蕉のDNAを受け継ぐ天才と言っても過言では……いや、過言です。後述しますが、やはりネームバリューというものが強かったよう。

ハンターの絵画を展示しているギャラリーはニューヨークシティにあり、ジョージ・バージェスにより管理されています。2024年1月9日、バージェスは弾劾調査委員会の召喚状に応じ宣誓供述しています。

バージェスによると、ハンターとの出会いは2020年、ハリウッドプロデューサーのラネット・フィリップスの紹介。フィリップスは2020年選挙時にバイデンキャンペーンの選挙資金パーティを主催し、25万ドルを集めていた民主党メガドナーのひとり。

ハンターの絵画の最初の取引は2020年12月11日。取引相手や取引金額は明かされていませんが、これ以降2023年9月1日まで、バージェスとハンターは取引契約を結びます。

バージェスは『ワシントン・ポスト』の報じた値段は誤りだと証言しつつ、それでもハンターは約2年半で約150万ドルを売り上げ、1作品1万ドル超の値段がつけられていました。

普段はバイデン家族を擁護する左翼メディアの大御所『ニューヨーク・タイムズ』でさえ、2021年11月5日に「購入者は芸術を求めているのか。それとも、（バイデンという名前の）〝影響力〟を求めているのか」とし、「大統領の息子であることから、外国人の購入、ハンターの名前と連絡先が目的ではないのか」と指摘し、倫理問題の懸念があると指摘しています。

リチャード・ペインター元ブッシュ政権ホワイトハウス倫理担当首席弁護士は「大統領の息子の肩書を利用して暴利を得ている」と厳しく非難し、元オバマ政権政府倫理局長官のウォルター・シャウブは「購入者が不明なのは問題だ。ホワイトハウスに誰が影響を及ぼすのかが不透明であり、名前を隠された人物が購入するのはバイデンの名前だ」とも指摘。

このような指摘が出る前、『ワシントン・ポスト』は2021年7月8日に「バイデンの側近の話によると」として、「ホワイトハウスと連携して作品の購入者の身辺調査をした上で、購入者が誰なのかをハンターが知ることがないようにする仕組みが整えられているので、利益相反問題が発生することはない」と報じていました。

翌日、ジェン・サキ報道官は『ワシントン・ポスト』の報道を否定せず、倫理問題対策が完璧であると発言し、アンドリュー・ベイツ副報道官も同様にホワイトハウスが協力して倫理問題対策をしていて「大統領は歴代政権で最高の倫理基準を設けた」と声明を出しています。

ところが、バージェスはこれらの報道のすべてを完全否定。ホワイトハウスと連絡をとったことは一切なく、「報道を見て驚いた」と言います。

つまり、バイデン政権が倫理問題対策をしているというのは完全なでっち上げだったのです。

バージェスによると、ハンターとの契約書は「普通ではない」項目があり、「作者（ハンター）に購入者が誰かを知らせる」ことが盛り込まれていたというのです。この項目は2021年9月に契約更新した際に削除されました。

バージェスの証言によれば、購入したのが誰かを教えたことはないが、購入者がハンターに作品を購入したことを話している可能性はあるといいます。そりゃそうだろと思いますが。

こうなってくると気になるのが購入者です。ハンターの作品を購入したのが2年半で10人。そのうち弾劾調査委員会に名前が明かされているのが3人です。

ひとり目はギャラリーの共同所有者のウィリアム・ジャック。

ふたり目がケヴィン・モリス。第3章でも紹介したハンターのシュガーブラザーです。

モリスはハンターの売り上げ150万ドル内の半分以上を占める、87・5万ドル11作品を購入しています。

バージェスによると、売り上げの取り分はハンターが約6割、バージェスが約4割。モリスは購入代金のうち、バージェスに4割は支払っていますが、ハンターに支払う分は、ローンとして貸し付けていることになっている借金から棒引きしています。

そして、大問題で弾劾の材料になり得るのが3人目のエリザベル・ハーシュ・ナフタリです。

ナフタリはバイデンキャンペーンに１・３万ドル、民主党全国委員会に３・６万ドルを寄付している民主党メガドナー。バイデン政権発足後、ホワイトハウスを少なくとも13回訪れているナフタリは２０２２年７月に在外アメリカ遺産保存委員会のメンバーに選ばれています。

ホワイトハウスは、ナンシー・ペロシ当時下院議長の推薦だと主張していますが、絵画の購入タイミングを考えると怪しいと思わざるを得ません。

２０２１年２月17日、５・２万ドルの絵画を購入、同年12月14日にホワイトハウスを訪問していて、２０２２年７月に委員に指名され、12月９日に４・２万ドルの絵画を再び購入しているのです。

ちなみに、２０１５年４月に、エリック・シュヴェリンという、ハンターのビジネスパートナーが同じポストに指名されていることもふまえると、バイデン家族の周辺人物が就くことのできるポストになっているようです。

ホワイトハウスが倫理問題対策の大嘘をついていること、ハンターの絵画を購入した人物が名誉職とはいえ、政府の関係ポストに就いていることは偶然なのでしょうか。見方によっては買収に該当するかもしれません。

■機密文書問題

トランプ前大統領の刑事起訴4件のうちのひとつが「機密文書問題」ですが、バイデンも同様の問題を抱えています。

主要メディアがトランプの悪口ばかりのため、忘れている人もいたかもしれませんが、ロバート・ハー特別検察官が2023年1月に任命され、バイデンに対する機密文書問題の捜査を行い、2024年2月8日に報告書を公開、「誰も起訴勧告はしない」という結論でしたが、トランプ前大統領を担当しているジャック・スミス特別検察官とまったく異なる対応をしていることを問題視されています。

まずは、バイデン機密文書問題がそもそもどのようにして表沙汰になったかを振り返りたいと思います。ホワイトハウスの機密文書問題の公式見解は、「2022年11月2日に事務所整理をしているときに〝偶然〟見つけ、〝鍵付き書庫〟の中に入っていた」というものでした。

2022年11月8日の中間選挙直前に見つかっていたにもかかわらず公表されず、

『ＣＢＳニュース』が第一報を報じる２０２３年1月９日まで隠されていました。

司法省が捜査を開始したのは中間選挙の終わった11月９日。

11月18日にはジャック・スミス特別検察官の任命が発表され、トランプ前大統領に対する批判が高まっている間も隠されていたのです。

トランプ前大統領の場合はシークレットサービスが24時間体制警備をするフロリダ州マー・ア・ラゴで発見されましたが、バイデンは滅茶苦茶。

２０２２年11月２日に最初に機密文書が発見された場所は、ワシントンＤ.Ｃ.にある「Penn Biden Center for Diplomacy and Global Engagement」でした。バイデンは副大統領退任直後にペンシルベニア大学の教授に就任、給与は２０１７年37万ドル、２０１８年54万ドル、２０１９年54万ドルで、報道によると９回しか大学に足を運んでいない。しかも、そのうちの１回は書籍のＰＲだったとのこと。

『ＦＯＸニュース』の２０２４年1月18日の報道によると、バイデンがペンシルベニア大学に関わるようになって以来、中国からの寄付が３倍に増え、中国共産党関係者や中国共産党に関係する企業からの寄付が含まれていて、総額は１３０万ドルにのぼります。ここで発見された機密文書は、イギリス・ウクライナ・イランに関する最高機密も含まれていました。

12月20日、デラウェア州のバイデンの自宅ガレージに積まれていた段ボールから別の機密文書が発見されます。

2023年1月11日、バイデンの自宅で更なる機密文書を発見。このとき、バイデンの私設秘書が捜索をしていたのですが、セキュリティクリアランスを持っていないことから捜索を中止。

1月12日、ホワイトハウスと司法省職員が捜索を引き継ぎ、追加で機密文書が発見され、『CBSニュース』の報道によると約20件の機密文書が発見されています。

1月20日にはFBIがバイデンの自宅の家宅捜索を実施し、副大統領時代だけでなく、連邦上院議員時代の機密文書まで発見されています。

ハー特別検察官の報告書で、デラウェア大学に保管されているバイデンの上院議員時代の記録物の中からも機密文書が発見されていたことが明らかにされました。

さて、上院議員時代の機密文書が見つかったことも問題ですが、それ以上の問題が政府監督委員会の調査で明らかにされました。

トランプ前大統領に対する捜査を極秘裏に進めている最中、バイデンの機密文書対応をしていた可能性が浮上したのです。

２０２１年3月18日、バイデンのシニアアドバイザー兼アシスタントのアニー・トマシニは『Penn Biden Center』の棚卸し作業をするよう命じられます。

２０２２年5月24日、ホワイトハウス顧問弁護士ダナ・リーマスはケイシー・チャンに『Penn Biden Center』の荷物を引き取りに行くよう依頼します。

ケイシー・チャンはハンターがバイデンに紹介し、秘書として副大統領時代のバイデンの日程調整等をし、副大統領退任時に引っ越し作業をした人物。リーマスから連絡のあった当時、国防長官室議定書担当副長官でした。

6月28日、チャンは荷物の回収に行きますが、多すぎたため回収しきれませんでした。

政府監督委員会委員長のジェームズ・コマーは、リーマスがチャンに荷物の引き取りに行くよう依頼をしたのが〝個人メール〟であり、政府用アカウントを使用しないことで情報公開請求の対象になるのを回避していた可能性があることを指摘しています。

6月30日、リーマスは他のホワイトハウススタッフ2人とアンソニー・ベルナル大統領補佐官とともに『Penn Biden Center』を訪れ残っていた荷物を回収します。10月12日、アシュリー・ウィリアムズ大統領特別補佐官とパット・ムーア大統領私設秘書が『Penn Biden Center』を訪れ、残されていた箱をチェックし、翌日ウィリアムズは数箱を回収しました。

これらの回収したものは、一部がマサチューセッツ州ボストンにあるムーアの法律事務所に送られたことは報じられていますが、すべてかは不明です。

11月2日、機密文書が偶然発見された日にFedEx（日本でいうところの宅配便会社）が『Penn Biden Center』から何かしらを回収。コマー委員長は「国立公文書記録管理局が機密文書の回収をする〝前〟に、運び出された可能性があるのは問題だ」と指摘しています。

また、政府監督委員会が『Penn Biden Center』の職員に聴取をしたところ、「鍵付き書庫」で保管されていたというホワイトハウスの発表は誤りであり、誰でもアクセス可能な場所にあったということです。

政府監督委員会にチャンは「機密文書が含まれていることに気づかなかった」と証言していますが、ジャーナリストのポール・スペリーは、「チャンはセキュリティクリアランスを持ち、荷物の搬入だけでなく、荷解きまでしたにもかかわらず、機密マークのついたファイルを見逃すとは考えにくい」と指摘。

機密文書の第一発見者の私設秘書ボブ・バウアーは「機密文書が入っていたのに気づいたのは11月2日だった」と証言していますが、コマー委員長は「そもそも個人の荷物を運び出すだけで、ホワイトハウススタッフ5人も動員する合理的な理由がない」と指摘しています。

なぜ1日1回しか行かなかったのか、なぜ数カ月の期間が開いているのか、なぜ家のガレージに積まれていた段ボールの中身を確認したのか、なぜ国防総省の職員になっていたチャンに回収に行かせたのか、なぜチャンへの連絡は個人メールだったのか、謎が多いのがバイデンの機密文書です。さらに不思議なことに、特別検察官報告書はチャンのことにほとんど触れていません。スペリーが指摘する、最初に機密文書の存在に気づいていた可能性のある人物です。

トランプ前大統領の機密文書問題の捜査は２０２２年2月から始まっています。１月に15箱分の機密物をトランプ前大統領は国立公文書館に返却しているのですが、その中に機密マークのついたものが見つかり、司法省に通報されていたのです。

大統領時代の所有物は、大統領記録法の対象物になるのですが、数年間国立公文書館以外はアクセスできないため、FBIは捜査ができませんでした。

例外があり、「現職の大統領の許可」でアクセス可能になります。4月11日、バイデン本人が許可を出したことで、大統領記録物に対するトランプ前大統領の大統領特権は剝奪され、捜査が始まっていたのです。

重要なポイントは、バイデンがトランプ前大統領に対する捜査にGOサインを出したとき、同時にバイデンの機密文書の回収が行われていたのです。

ハー特別検察官の報告書では「バイデンは〝意図的に〟アフガニスタンに関する機密文書を持ち出していた」と結論を出していますが、大陪審（大陪審：アメリカでは、起訴相当かどうかの判断を一般市民から選出された陪審員が行う）が起訴相当評決を出さない可能性があるために起訴勧告をしないとしています。

いくつかの理由を挙げていますが、そのうちの一つが「高齢」であること。ハー特別検察官は2023年10月8日、9日の2日間にわたって、バイデンの事情聴取を実施。そのときの様子が報告書に記されていて、「記憶に著しい制限」があり、「数年前のことすら思い出せていなかった」というのです。

具体的には「副大統領に就任した時期、退任した時期を覚えていない」「息子ボーが亡くなったのがいつかを思い出せない」という、明らかに認知機能に問題があるレベルだということが指摘されているのです。

「陪審員に同情されやすい、善意の〝記憶力の悪い老人〟であることを見せるだろう」とも指摘していて、要は「高齢で何も覚えていないだろうから許してあげよう」ということなのです。

バイデンが2017年11月14日に発刊した『Promise Me, Dad: A Year of Hope, Hardship, and Purpose』という本も機密文書に関わっていました。

ゴーストライターのマーク・ツォニッツァーがバイデンのインタビューを基に執筆したものなのですが、2017年2月に実施したインタビューの録音音声に「階下で機密文書を見つけた」と話し、国家安全保障会議からの報告を書いたメモ帳をツォニッツァーに「いくつかは機密情報だろう」と見せていたこともわかっています。

ハー特別検察官は「トランプとの違いは、機密文書を見つけた後、協力的だったことだ」としていますが、バイデンは2017年時点で機密文書を見つけていたにもかかわらず、それを隠していました。

バイデンが機密文書の存在を知っていたのはインタビューの音声録音でわかったことで、録音音声が重要な捜査資料であることは明白ですし、報告書も「重要な証拠価値のあるもの」と指摘しています。

驚くことに、ツォニッツァーはハー特別検察官の捜査を知った〝後〟に、録音音声を抹消していました。証拠隠滅ということです。幸いにもＦＢＩがデータの復元に成功しましたが、一部のデータが欠損し、復元作業の過程で上書きされてしまったものもあり、完全な復元はできていません。事情聴取でも、特別検察官による捜査を知った〝後〟に抹消したことを認めています。

しかしながら、トランプ前大統領の側近たちと違い、ツォニッツァーに起訴勧告がされることはありませんでしたが、ハー特別検察官の報告書はトランプ前大統領にとって２つの〝贈り物〟になっています。

１つ目が、バイデンとトランプ前大統領と側近たちの間に明らかに釣り合いの取れていない対応がされているということです。トランプ前大統領が裁判の棄却請求をする武器になるでしょう。２つ目が、バイデンの「老い」を露呈したということ。民主党支持者の中で過半数がバイデンの精神状態を疑問視しているため、選挙戦で有利になる材料なのは間違いありません。

国家反逆罪や汚職とは少し違うため、弾劾の材料にするのは難しいかもしれませんが、バイデン弾劾のための心証に影響を与える材料にはなり得るでしょう。

■隠されている演説台本とメール

バイデンが副大統領時代に『ブリスマ』を守るため、外交政策を変えていた疑いがあることは先述したとおりです。仮に副大統領時代の悪行も弾劾の材料に使うのであれば、決定的な証拠になり得るのが２０１５年12月に作成された、バイデンのウクライナ議会演説のための台本です。

下院政府監督委員会、司法委員会、歳入委員会は国立公文書館に２０２３年8月に演説台本を要求、１週間ほどで渡せると返答を受けましたが、バイデンホワイトハウスが3度にわたり検証時間延長を通達。執筆段階の2月初旬時点でもホワイトハウスにより隠されたままです。

バイデンはウクライナ訪問直前に『ブリスマ』の高官らとハンターを介して電話を

していましたし、『Blue Star Strategies』が水面下で動いていたようでもあるので、ショーキン検察長官の解任を求める言葉が突如として組み込まれていないかどうかが焦点になっています。

また、バイデンは副大統領任期中に4つの偽名（Robert L. Peters/Robert Peters/Robin Ware/JRB Ware）、3つの偽名アカウント（robinware456@gmail.com/JRBWare@gmail.com/Robert.L.Petes@pci.dov）を使い、ハンターやビジネス仲間とメールのやりとりをしていたことが発覚しています。

2022年8月9日に『America First Legal』が国立公文書館に対して情報公開請求し、国立公文書館は2万9067件のメールを確認し、ハンターと4243件、『Rosemont Seneca（ハンターの会社）』と1万9335件、ジェームズ・バイデンと1751件、『Lion Hall（ジェームズの会社）』と3738件のメールのやりとりがあったことが明らかにされています。

国立公文書館は黒塗り場所の選定に時間がかかることを理由に、「毎月1250通ずつ公開、2029年8月1日までかかる」という信じられないふざけた回答をしているため、迅速な公開を求め裁判をしている最中です。

その後、約8万2000ページ分のメールを国立公文書館が保管していることが明らかにされています。かつてのヒラリー・クリントン違法メールサーバー問題のとき、ヒラリーのサーバーにあったメールは5万5000ページ分で、約3万件のメールが含まれていました。

単純比較はできませんが、バイデンの偽名アカウントのメール件数は相当な数になりそうです。そして、このメールの中に何か決定的なものがあった場合、弾劾の材料になるかもしれません。

トランプ前大統領が民主党から2度の弾劾裁判を受けたことで、弾劾は政治的な道具に成り下がっています。日本メディアは報じていないと思いますが、どちらの弾劾裁判も検察役の民主党が、裁判証拠として提示した証拠を〝改竄〟していました。弾劾〝裁判〟で、ですよ。しかも、それらの証拠改竄に携わった連中は誰も責任を取らされていない。腐敗した民主党の象徴のような出来事と言えるでしょう。

先述のとおり、共和党内でも弾劾に対する見解は分かれています。「なぜ未だにバイデンを弾劾しないんだ」という不満に思っている人も多いと思いますが、政治的な道具になっている印象のある弾劾発議に失敗するというのは、共和党にとっての大きな痛手になります。ですから、共和党内全員を納得させた上でしか動くことができないのです。

ここまでは大統領就任後の出来事を見てきましたが、バイデンの副大統領～退任後にかけての疑惑を見ていきます。

第2節：ルーマニア取引

■ガブリエル・ポポヴィチウ

ハンターの脱税の起訴状でも言及されているのが、「ルーマニア取引」です。ルーマニアの有力者ガブリエル・ポポヴィチウから、総額300万ドルをバイデン家族と仲間たちは、バイデンが〝副大統領時代から〟受け取っていたのです。

ガブリエル・ポポヴィチウは共産党政権が支配していた1980年代に副首相の娘と結婚、1989年の革命による共産党政権崩壊時にアメリカに亡命しましたが、しばらくしてルーマニアに帰国、1990年代にコンピュータ技術企業を立ち上げます。

その後フランチャイズビジネスと不動産ビジネスで成功していて、１９９４年ピザハット、１９９７年ケンタッキーフライドチキン、２００７年にＩＫＥＡ（家具販売店）のフランチャイズビジネスをルーマニアで手掛けます。さらに3件のホテルを経営するという、凄腕ビジネスマン。

しかし、２０００年～２００４年にかけての首都ブカレスト北部の土地買収をめぐる汚職の疑いで逮捕、有罪判決を受けています。

ポポヴィチウはペーパーカンパニーを通じて、売買の目的を偽って州有地を買収し、しかも本来であれば当時の市場土地評価額は1平米１５０ドルのところ、たったの１平米１ドルで買い上げていたのです。

２０１２年12月21日に起訴され、２０１６年6月23日に禁錮9年の判決。２０１７年8月2日に控訴は棄却されるも、刑期は7年に短縮する判決が出ます。8月14日に逃亡先のイギリスで逮捕され、２０１９年7月12日にルーマニアに送還命令が出されるも控訴し、コロナを理由にした延期もあり、２０２３年5月16日に控訴裁判が行われ、執筆段階の現在まで続報はありません。

■300万ドルの目的は？

ポポヴィチウがバイデン家族とその仲間たちに300万ドルもの大金を渡したのは、汚職捜査・裁判に介入してもらうためで間違いないでしょう。ハンターパソコンに残されていたスケジュールから、ポポヴィチウが関わっているかは不明ですが、ルーマニアとバイデン家族と仲間たちの動きを整理します。

『ニューヨーク・ポスト』の2022年8月13日の報道によると、ポポヴィチウがハンターに接触したのは、遅くとも2015年春。

ハンターパソコンに残されていたメールで最初にポポヴィチウの名前が出てくるのが2015年9月1日、ハンターが当時所属していた法律事務所『Boies Schiller Flexner LLP』のメールでした。「時間があるときに、ポポヴィチウに関して話をしたい」というもので、『ニューヨーク・タイムズ』の2019年10月25日の報道によると、ポポヴィチウがハンターの所属している法律事務所を通じて、ハンターに助けを求めたことに関する対応協議だったよう。

9月28日、ルーマニア大統領が訪米し、バイデンとホワイトハウスで会談。バイデンは２０１４年、２０１５年にルーマニアを訪問していて、汚職撲滅を呼びかけていました。ウクライナとまったく同じですね。

11月５日、後述するスキームでポポヴィチウからバイデン家族と仲間たちに総額３００万ドルの大金の送金が始まります。

11月17日、ハンターはルーマニアから帰国し、19日に副大統領邸でバイデンと朝食。２０１６年3月29日にハンターは在ルーマニアアメリカ大使と会食し、翌日副大統領邸でバイデンと会っています。

5月17日、『Boies Schiller Flexner LLP』のマイケル・ゴットリーブはハンターにメールで在ルーマニアアメリカ大使に接触し、「ルーマニア検察と協議の場を調整」してもらえるように依頼したことを報告。

これに対しハンターは、「フリー裁判官に連絡をとる」と返信します。

ルーマニア取引で重要な役割を果たしていたのが、元ＦＢＩ長官ルイ・フリーです。クリントン政権でＦＢＩ長官に就任し、ブッシュ政権時もＦＢＩ長官に留任された人物で、その前はニューヨーク州連邦地方裁判所の判事でした。バイデン家族と親密な関係にあり、バイデン家族の財団に10万ドルを寄付し、「未来の仕事のため」とメールを送っています。

6月18日、ハンターはフリーにポポヴィチウの手助けを求めるメールを送ります。21日、フリーは「ロン・ノーブルと木曜日に会う。彼はルーマニア国家汚職対策局のトップと親しい」と返信。ロン・ノーブルは国際刑事警察機構（インターポール）の元事務総長です。元ＦＢＩ長官らしい人脈をフル活用し始めるも、時すでに遅し。ポポヴィチウは6月23日に有罪判決を受けます。

判決の出た後の7月8日、フリーはハンターにメールで「ＦＢＩの犯罪捜査部門と協議している」ことを報告し、量刑が言い渡されるまで水面下で動いていたことがわかっています。

ポポヴィチウはウクライナのガス企業『ブリスマ』と違い、３００万ドルもの大金を支払った意味はなかったようです。億万長者からすると、私たちの「１００円玉落としちゃった」くらいの感覚かもしれませんが。

ちなみに、ハンターらの活動はロビー法違反に該当する行為に見えますが、弁護士としての活動の場合は免除対象です。

■マネーロンダリングのスキーム

ここまでだと単なるハンターたちが腐敗した金持ち救出活動が失敗しただけに思えますが、２０２３年５月10日の下院政府監督委員会の公開した報告書により、このルーマニアの有力者との関係が一気に怪しさを見せます。

政府監督委員会は強制力のある召喚状を使い、銀行からバイデン家族とその仲間たちの銀行口座情報を入手しています。

ポポヴィチウは２０１５年11月５日〜２０１７年５月26日にかけて、ハンターらに総額３００万ドルを17回に分けて送金しているのですが、忘れてはならないのがバイデンが当時副大統領であるということです。

さて、ルーマニアマネーの流れをまとめたのが次ページの図です。

ポポヴィチウは『Bladon Enterprises Limited』という会社から、ハンターのビジネス仲間のひとりロブ・ウォーカーに送金します。

ウォーカーは受け取った金額の３分の１を別のビジネス仲間イギリス人のジェーム

ルーマニアマネーの流れ

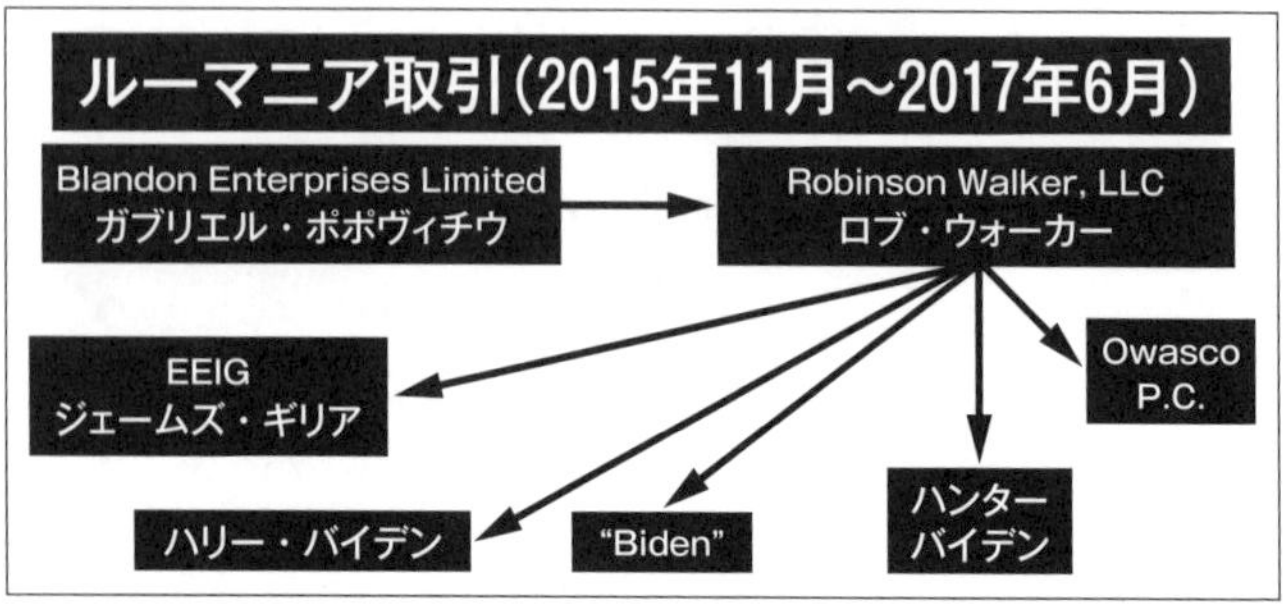

	日付	送金元	受取人	金額
2015年	11月5日	ポポヴィチウ	ロブ・ウォーカー	$179.836.86
	11月9日	ロブ・ウォーカー	ハンター・バイデン	$59,900
	11月18日	ロブ・ウォーカー	ジェームズ・ギリア	$59,900
	12月4日	ポポヴィチウ	ロブ・ウォーカー	$179,310.02
	12月7日	ロブ・ウォーカー	ハンター・バイデン	$59,725
	12月7日	ロブ・ウォーカー	ジェームズ・ギリア	$59,725
	12月23日	ポポヴィチウ	ロブ・ウォーカー	$180,393,74
	12月23日	ロブ・ウォーカー	ハンター・バイデン	$60,091,24
	12月23日	ロブ・ウォーカー	ジェームズ・ギリア	$60,091,24
2016年	2月3日	ポポヴィチウ	ロブ・ウォーカー	$180,781.86
	2月3日	ロブ・ウォーカー	ジェームズ・ギリア	$60,220.28
	2月12日	ロブ・ウォーカー	Owasco P.C.	$60,220.28
	2月18日	ポポヴィチウ	ロブ・ウォーカー	$183,498.74
	2月24日	ロブ・ウォーカー	Owasco P.C.	$61,126.24
	2月24日	ロブ・ウォーカー	ジェームズ・ギリア	$61,126.24
	3月22日	ポポヴィチウ	ロブ・ウォーカー	$185,568.16
	3月24日	ロブ・ウォーカー	Owasco P.C.	$61,816.05
	3月24日	ロブ・ウォーカー	ジェームズ・ギリア	$61,816.05

※カネの流れを分かりやすくするため、ハンターを除いて、すべて個人名で表記しています。
※ハンターは個人口座とハンターの会社OwascoP.C.で受取先を分けています。

	日付	送金元	受取人	金額
2016年	5月19日	ポポヴィチウ	ロブ・ウォーカー	$186,329.14
	5月23日	ポポヴィチウ	ロブ・ウォーカー	$185,283.20
	5月23日	ロブ・ウォーカー	Owasco P.C.	$123,830.80
	5月23日	ロブ・ウォーカー	ジェームズ・ギリア	$123,830.80
	7月7日	ポポヴィチウ	ロブ・ウォーカー	$183,021.04
	7月8日	ポポヴィチウ	ロブ・ウォーカー	$182,801.76
	7月11日	ロブ・ウォーカー	Owasco P.C.	$116,860.93
	7月11日	ロブ・ウォーカー	ジェームズ・ギリア	$121,860.93
	8月10日	ポポヴィチウ	ロブ・ウォーカー	$183,718.11
	8月15日	ロブ・ウォーカー	Owasco P.C.	$53,419.74
	8月15日	ロブ・ウォーカー	ジェームズ・ギリア	$61,199.37
	8月31日	ロブ・ウォーカー	ハンター・バイデン	$20,000
	9月15日	ポポヴィチウ	ロブ・ウォーカー	$185,844.36
	9月22日	ロブ・ウォーカー	Owasco P.C.	$32,092.81
	9月22日	ロブ・ウォーカー	ジェームズ・ギリア	$61,908.12
	9月29日	ポポヴィチウ	ロブ・ウォーカー	$185,034.36
	9月29日	ロブ・ウォーカー	"Biden"	$20,000
	10月11日	ロブ・ウォーカー	Owasco P.C.	$41,638.12
	10月11日	ロブ・ウォーカー	ジェームズ・ギリア	$61,638.12
	11月4日	ポポヴィチウ	ロブ・ウォーカー	$183,329.99
	11月15日	ロブ・ウォーカー	ハンター・バイデン	$122,179
	12月8日	ポポヴィチウ	ロブ・ウォーカー	$178,334.99
	12月9日	ロブ・ウォーカー	ジェームズ・ギリア	$118,849.99
2017年	1月12日	ポポヴィチウ	ロブ・ウォーカー	$172,901.24
	1月17日	ロブ・ウォーカー	ジェームズ・ギリア	$57,603.74
	2月2日	ロブ・ウォーカー	"Biden"	$20,000
	2月10日	ロブ・ウォーカー	"Biden"	$20,000
	2月13日	ロブ・ウォーカー	ハリー・バイデン	$10,000
	2月16日	ロブ・ウォーカー	"Biden"	$20,000
	2月27日	ロブ・ウォーカー	ハンター・バイデン	$14,000
	5月26日	ポポヴィチウ	ロブ・ウォーカー	$185,270.61
	5月31日	ロブ・ウォーカー	ジェームズ・ギリア	$61,726.87
	6月2日	ロブ・ウォーカー	Owasco P.C.	$61,726.87

ズ・ギリアの会社『European Energy and Infrastructure Group（EEIG）』に送り、3分の1をバイデン家族の会社や個人口座に送金、そして3分の1を手元に残していたのです。

つまり、ルーマニアから流れてきたカネはロブ・ウォーカーを窓口にして、バイデン家族、ジェームズ・ギリアで山分けされていたのです。

この取引で注目したいポイントは3つ。

1つ目は、ポポヴィチウからカネが送られてくる理由は、ポポヴィチウの刑事事件裁判の対応のはずであり、ウォーカーやギリアが取引に関わる意味がわからないということです。

2つ目は、2016年9月29日にカネの受け取り先で現れる〝Biden〟という謎の受け取り人。2017年2月2日、10日、16日とバイデンが副大統領退任直後に3週間にわたって連続でカネを受け取っています。金額も2万ドルで固定されていることが気になります。政府監督委員会は〝特定中〟としていましたが、続報は今のところありません。

3つ目に注目したいのが、2017年2月13日に「ハリー・バイデン」が受取人にいること。

ハリーは第3章で紹介したバイデン家族のひとり。ハンターの兄ボー・バイデンの妻で、兄が亡くなった後、ハンターと交際していました。２０１６年から交際（ハンターの不倫）しているので、交際中に受け取ったカネということになります。

なぜ、デラウェア州の学校カウンセラーをしているハリーが、ルーマニアから1万ドルもの大金を受け取ったのでしょうか。何かモノやサービスを提供していたのでしょうか。

ウクライナと同様、バイデンは副大統領として汚職撲滅の役割を任せられていました。ところが、自分の息子が汚職をしている張本人たちからカネを受け取り、汚職捜査から逃れられるようにしていたのです。

第3節：中国取引

■中国企業『CEFC』

バイデン家族の海外ビジネスでウクライナと並んで重要なのが中国です。

特に中国企業『CEFC China Energy（中国华信能源）』（以下ＣＥＦＣ）との取引は、ジョー・バイデンの名前が出てくるだけでなく、利益を受け取れる構図になっていたこと、実際に利益を受け取っていた可能性があるため、共和党によるバイデン弾劾に欠かせないピースになっています。第１弾書籍の６章で『ＣＥＦＣ』に関しては触れていますので、ここではそれ以降に明らかにされたことを紹介していきます。

『ＣＥＦＣ』のトップはイェ・ジャンミン。２０１８年３月に習近平に消される前は、２０１４年に中国国内トップ10企業に数えられ、２０１７年にはフォーチュン・グローバル２２２位に選ばれている巨大企業でした。人民解放軍に原油の供給をし、ジャンミンは中国共産党と深い繋がりのある人物です。

『ＣＥＦＣ』の企業ホームページによると、『ＣＥＦＣ』は中国の国家エネルギー政策を推し進めることを重視し、習近平肝いりの一帯一路構想を世界に浸透させることを目的に活動しています。ジャンミンが潰されてからは国有化されています。

バイデンが副大統領時代の２０１５年、ジャンミンはハンターらに接触、共同出資で投資会社を立ち上げることを持ち掛けます。

『SinoHawk』（サイノホーク）という会社を立ち上げることで合意するのですが、このビジネスに関わっていたのがハンター、ジェームズ・バイデン（ハンター・バイデンの弟）、ロブ・ウォーカー、ジェームズ・ギリア、トニー・ボブリンスキーです。トニー・ボブリンスキーはギリアの紹介で『SinoHawk』立ち上げを知り、CEOになることまで決まっていましたが、ハンターが『SinoHawk』立ち上げのための中国からの出資金500万ドルの横取りしようとしたことで対立、最終的に500万ドルは横取りされ、『SinoHawk』立ち上げは頓挫してしまいます。

2020年10月22日、ボブリンスキーはテネシー州ナッシュヴィルのホテルで、「バイデンは息子のビジネスを知らないと言っているが、それは明らかな嘘だ」と主張する会見を開きます。

ボブリンスキーは、2020年9月に共和党連邦上院議員のロン・ジョンソンとチャック・グラスリーが公開した報告書で、ハンターに裏切られ500万ドルを横取りされていたことを知ったことで、告発する決意を固めました。詳しい経緯は第1弾書籍をご覧ください。

先述のとおり、『CEFC』との取引はジョー・バイデンが関与していました。

２０１７年5月2日、ボブリンスキーはカリフォルニア州のホテルでバイデンと会い、そこでの会話で「バイデンは息子のビジネスをハイレベルなことまで知っていた」と感じたと振り返ります。

5月13日に、ギリアからボブリンスキーとハンターに送られたメールには、『SinoHawk』立ち上げのためのアメリカ側の会社『Oneida』の株式（利益）配分が記載されていました。

"20H 20RW 20TB 10jim 10held by H for the big guy?"

上から順番にHはハンター、ＲＷはロブ・ウォーカー、ＴＢはトニー・ボブリンスキー、ｊｉｍはジェームズ・バイデン（ジムは愛称）、そして、「10％を〝ビッグガイ〟のためにハンターが持つ」と〝ビッグガイ〟という人物が登場します。

ボブリンスキーは「ビッグガイはバイデンで間違いない」と言います。

ボブリンスキーはＦＢＩにバイデン家族の告発をしていて、提出した当時の携帯電話に残されていたメッセージの中に、ギリアから「対面で会うとき以外は、ジョー・

バイデンの名前を出すな」と注意を受けているものがあります。

ボブリンスキーの証言によると、ハンターは父バイデンのことを〝big guy〟（ビッグガイ）や〝Chairman〟（チェアマン）と普段から呼び、ハンターパソコンに残されていたメールの中にも、〝my guy〟という表現があります。

また、2020年12月にFBIとIRSがウォーカーに事情聴取をした際、「バイデンが副大統領時代に、ハンターがビジネス相手（『CEFC』）を副大統領に直接会わせていたか」という問いに対し、「そうだ」と答えていて、バイデンがハンターのビジネス相手と接触していたことを認めている一方、2024年1月26日の下院弾劾調査委員会で「バイデンは一切関係がない」と矛盾した証言をしています。

バイデンは大統領選挙キャンペーンで「息子のビジネスのことは何も知らない」と一切の関与を否定していましたが、ボブリンスキーの告発とおり、大嘘だったのです。

■『CEFC』マネー

中国『CEFC』からのカネは、ルーマニアと同じような手口でバイデン家族と仲

「CEFC」マネーの流れ

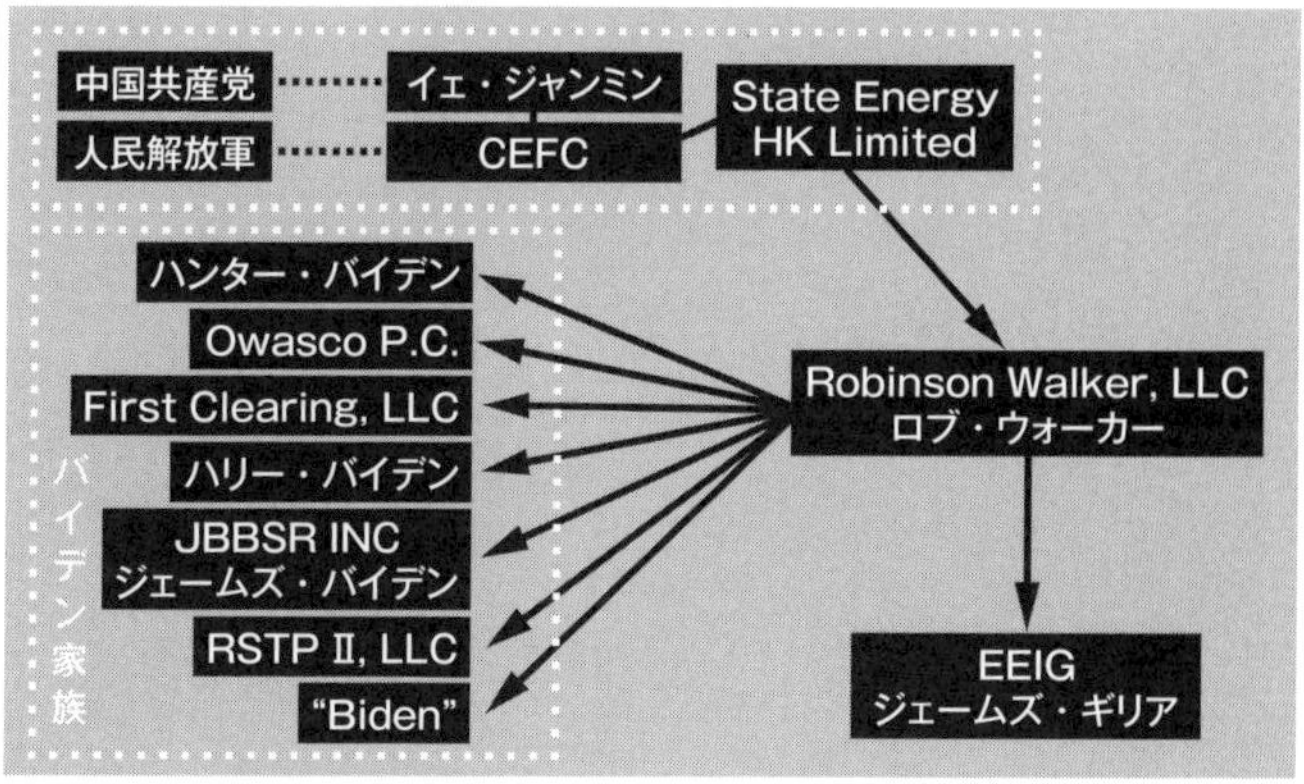

2017年	送金元	受取人	金額
3月1日	中国 CEFC	ロブ・ウォーカー	$3,000,000
3月2日	ロブ・ウォーカー	ジェームズ・ギリア	$1,065,000
3月6日	ロブ・ウォーカー	"Biden"	$5,000
3月13日	ロブ・ウォーカー	"Biden"	$25,000
3月20日	ロブ・ウォーカー	ハリー・バイデン	$25,000
3月27日	ロブ・ウォーカー	Owasco P.C.	$50,000
3月29日	ロブ・ウォーカー	First Clearing, LLC	$100,000
3月31日	ロブ・ウォーカー	Owasco P.C.	$50,000
3月31日	ロブ・ウォーカー	Owasco P.C.	$100,000
4月3日	ロブ・ウォーカー	JBBSR INC	$50,000
4月3日	ロブ・ウォーカー	JBBSR INC	$50,000
4月14日	ロブ・ウォーカー	RSTP Ⅱ、LLC	$10,692
4月18日	ロブ・ウォーカー	Owasco P.C.	$300,000
4月20日	ロブ・ウォーカー	JBBSR INC	$120,000
4月21日	ロブ・ウォーカー	"Biden"	$25,000
4月24日	ロブ・ウォーカー	JBBSR INC	$125,000
5月17日	ロブ・ウォーカー	"Biden"	$15,000
5月18日	ロブ・ウォーカー	JBBSR INC	$15,000

間たちにばら撒かれています。2017年3月1日、ウォーカーは『State Energy HK Ltd.』から300万ドルの送金を受けます。

『State Energy HK Ltd.』は『CEFC』の系列会社でジャンミンの財布のような役割をしています。エネルギー事業とはまったく関係のないダイヤモンドなどの宝飾品を2016年3月～2017年11月の間に2300万ドルも購入しているのです。

ハンターは2017年5月にジャンミンから2・8カラット約8万ドル相当のダイヤモンドを受け取っています。

ウォーカーは300万ドルを受け取った理由を下院弾劾調査委員会に対し、「バイデンが副大統領期間中に我々が『CEFC』にした仕事の対価」と証言しています。しかし、カネの流れを見れば、苦しい言い訳にしか見えません。

300万ドルはルーマニア取引と金額こそ同じですが、中国からのカネは一括で送られてきているという点で違います（大したことではありませんが）。

ウォーカーは3月2日、ギリアに106・5万ドルを送金、バイデン家族には3月6日～5月18日の3カ月16回に分けて5つの銀行口座に総額106・5万ドルを送金し、残りの約100万ドルを手元に残しています。ルーマニア取引にも登場した

〝Biden〟というカネのばら撒き先はまだ特定されていません。

政府監督委員会は『First Clearing, LLC』を、ハンターが関係している会社のひとつと推定しています。

『JBBSR INC』はバイデンの弟、ジェームズ・バイデンの会社で、『RSTP II, LLC』はハンターの会社『Rosemont Seneca』の関連会社と思われます。

海外ビジネスとまったく関係がないはずのハリー・バイデンの名前があることから、この中国取引も一般的なビジネス取引ではないことがわかるでしょう。

■脅迫で得たカネ

第3章でＩＲＳ内部告発者が明かした中に、『ＣＥＦＣ』の幹部をハンターが脅迫するメッセージを送っていたことを紹介しました。

バイデン家族とその仲間たちは、中国『ＣＥＦＣ』と『SinoHawk』を立ち上げることを決めていました。１０００万ドルの出資金は、バイデン家族らが『Oneida』という会社を通じて５００万ドル、中国側は『Hudson West』を通じて５００万ドルを出すことに〝表面上〟はなっていました。

バイデン家族側からの500万ドルは、中国側が500万ドルを〝無利子〟で貸し付け、それを『SinoHawk』立ち上げ資金にすることになっていたのです。つまり、実際は1000万ドルすべてが中国側からのカネで賄われていたということ。

ハンターはウクライナのガス企業『ブリスマ』からの給与が半額にされたことで、贅沢変態三昧の生活を維持するための新たな金の生る木が必要でした。おそらくハンターが出資金の横取りを目論んだ理由はコレでしょう。

2017年5月にハンターは『SinoHawk』のCEOに決まっていたボブリンスキーに対し、「中国は『SinoHawk』に投資したいのではなく、『バイデン家族』に投資したいのだ」と主張し、500万ドルを渡すように迫っていたのです。

本来だったら7月中に中国からカネが送金されてくるはずでしたが、来なかった。中国側としては、『SinoHawk』の計画を捨ててハンターに送金すべきか、『SinoHawk』に送金すべきか悩んでいたのではないでしょうか。そして、しびれを切らしたハンターが7月30日に脅迫メッセージを送ることになり、31日にはボブリンスキーやギリアには内緒でビジネスの計画を変更すること（＝2人を切り捨てる）ことを伝えていたのです。ちなみにウォーカーは捨てられていません。

8月3日、ハンターは『Hudson West Ⅲ』の銀行口座を開設。『Hudson West Ⅲ』はハンターの会社『Owasco P.C.』が50％、中国側の『Hudson West V』が50％の権利を持つ会社です。

8月4日、『CEFC Infrastructure Investment』から10万ドルが「Owasco P.C.」に送金されます。

8月8日、『CEFC』の傘下企業『Northern International Capital』が『Hudson West Ⅲ』に500万ドルを送金します。これが本来だったら『SinoHawk』立ち上げに使われるはずのカネで、ハンターが横取りしたものでした。

■10％ビッグガイの証拠

8月8日に中国から来た待望の500万ドルは、バイデン家族の中で山分けされ、ジョー・バイデンにも渡っています。

ハンターはその日のうちに、自分の会社『Owasco P.C.』に40万ドルを送金します。

送金後の『Owasco P.C.』の口座残高は約50万ドル。先述しましたが、8月4日に中国から10万ドルの送金を受けていました。つまり、ハンターの会社の50万ドルは〝すべて中国由来のカネ〟です。

8月14日、ハンターは『Lion Hall Group』に15万ドルの送金をします。『Lion Hall Group』はバイデンの弟ジェームズのコンサルティング会社。送金後の『Lion Hall Group』の口座残高は約15・1万ドル、つまり、ほとんどが中国由来のカネです。

8月28日、ジェームズの妻サラ・バイデンは『Lion Hall Group』の口座から5万ドルを引き出し、その日のうちにジェームズとサラの共同口座に入金。入金前の口座残高は46ドルでしたので、入金後のカネのほとんどが中国由来のカネです。

9月3日、サラはJoseph R. Biden Jr.（ジョセフ・ロビネット・バイデン）、つまり後の第46代アメリカ合衆国大統領の個人口座に「ローン支払い」という名目で4万ドルを送金していました。中国由来のカネがバイデンの手元に届いていたのです。

注目すべきは金額です。

ハンターが自分の会社『Owasco P.C.』に送金したのは40万ドル、バイデンの手元に届いたのが4万ドル。

そうです、中国取引で「ビッグガイ＝バイデン」が10％を受け取るスキームを組み立てていましたが、まさに10％の利益を受け取っていたことが明らかにされたのです。ホワイトハウスは「家族内のローンの支払いで問題はない」と主張していますが、ローンの契約書は公開しないと言っています。

ちなみに、中国から送られてきた５００万ドルのうち、約４８０万ドルが２０１８年9月25日にかけてハンターの『Owasco P.C.』に送られ、そこから約１４０万ドルがジェームズの『Lion Hall Group』に送られています。

また、『Owasco P.C.』を経由せず、直接『Lion Hall Group』に7・6万ドルも送られていますが、それがバイデンの手元に届いていたかは執筆段階では明らかにされていません。

■大統領選挙出馬直後の26万ドル

バイデンが大統領選挙出馬宣言をした数カ月後、中国から謎の送金が2度あったことがわかっています。

2023年9月26日、下院政府監督委員会はハンターの銀行口座情報を分析した結果、総額26万ドルが中国からハンターの口座に送金され、受取人住所が〝デラウェア州のバイデンの居住地〟だったのです。

ハンターは離婚した後、デラウェア州のバイデンの家に住んでいた時期がありますので、住所に関しては問題ないかもしれませんが。

最初の送金は2019年7月26日、ワン・シーから1万ドルの送金がありました。ワン・シーはハンターが中国共産党と立ち上げた『Bohai Harvest RST Partners』のパートナーとして会社ウェブサイトに名前が掲載されている人物。

2度目の送金は8月2日、25万ドルが『Bohai Harvest RST Partners』のCEOジョナサン・リーとタン・リンの連名で行われています。タン・リンが誰なのかは現時点では不明です。

重要なのは、〝なぜ〟ハンターに26万ドルもの大金が、大統領選挙出馬直後のバイデンの住所を受取人にして送られていたのか。何かモノやサービスを提供したのでしょうか。

ここまで中国との取引を見てきましたが、バイデンは大統領選挙期間中から「息子の海外ビジネスのことは一切知らない」と主張し続けていましたが、大嘘であることがよくわかるでしょう。

今後はルーマニア取引と同様、〝Biden〟という謎の口座は誰のものなのか、なぜハリー・バイデンがカネを受け取っていたのか、他にも知られていない取引があったかどうかの続報が、弾劾調査委員会により明らかにされるかどうかに注目です。

第４節：世界最悪の汚職家族の正体

■破産したAmericoreからの20万ドル

バイデン家族は海外だけでなく、国内でも好き放題していたことがわかっています。

２０１８年3月1日、バイデンの個人口座に弟のジェームズと妻サラの共有口座から、20万ドルの送金があったことがわかっています。

このカネは元を辿ると破産申請した主に病院の運営をしていた『Americore』という会社に行きつきます。

2022年7月7日、ジェームズは『Americore』の破産管財人から61万ドルを不正に搾取したとして提訴されます。

訴状によると、ジェームズは「ファミリーネーム（名字）〝バイデン〟は中東からの莫大な投資の扉を開けることができる」として、『Americore』から60万ドルのローンと1万ドルのコンサルティング・マーケティング料を受け取っています。

2018年1月12日に40万ドル、3月1日に20万ドル、6月4日に1万ドルです。

2020年3月9日の『ポリティコ』でも、ジェームズが「〝バイデン〟という名前で、開けられない扉はない」と豪語していたことが報じられ、ローンを受け取った後、『Americore』と距離を置き始めたといいます。

ジェームズはトルコの複合企業『Dogan Holding』やカタール投資庁から3000万ドルの投資を受けられるとも主張していたようですが、実際はありませんでした。

ジェームズが多額のローンを受け取ったときの『Americore』は資金繰りに苦しんでいて、2019年1月には賃金未払いで捜査を受け、12月に部分的業務停止命令、その後に3つの傘下病院が破産申請、2020年1月にFBIが家宅捜索をするといったボロボロの状況だったのです。

そんな中、60万ドルを受け取っているのですが、40万ドルはフロリダ州の別荘修繕費に使用されたよう。

問題なのが２０１８年３月１日の20万ドル。

『Americore』からローン名目で送られてきた20万ドルをそっくりそのまま、その日のうちにバイデンの口座に送金していたのです。

ホワイトハウスは「弟は兄にローンの支払いをしただけだ」と主張していますが、ローンを証明するものは何も提示していません。

３億歩譲って仮にローンだったとしても、経営難に陥っている企業から大金を搾取して支払っていることはおかしいと思わないのでしょうか。

２０２２年９月23日に、ジェームズは60万ドルのうち、35万ドルを返済することで和解しています。

私には詐欺行為にしか見えないのですが、皆様はいかがでしょうか。

■上級国民バイデン一族

バイデン家族で特別待遇を受けているのは他にもいます。〝トランプガー〟たちは「トランプは犯罪者」と何の根拠もなく言い続けていましたが、バイデン家族はレベルが違います。アメリカの歴史に泥を塗ることになったのは間違いないでしょう。

①フランク・バイデン

バイデンのもう一人の弟がフランク・バイデンです。２０１１年12月29日の『マイアミニュータイムズ』の報道によると、フランクは２００３年８月20日に当て逃げと飲酒運転で逮捕されています。記録によると、目は赤く充血し、まともに歩くこともできず、どこから来たのか、今どこにいるのかを答えることができないほどベロベロだったとのこと。

この時点で４回の免許停止処分を受けていました。

当て逃げ飲酒運転は６カ月の保護観察と６カ月の免許停止処分を受けることになり

ましたが、判決が出る前の10月27日に２枚のＤＶＤを万引きして逮捕されています。

フランクは万引きの裁判をすっぽかしていたことが記録で明らかにされましたが、『マイアミニュータイムズ』はこの件の結果を見つけることができませんでした。

２００４年11月21日には無免許運転で再度逮捕され、禁錮30日の判決が出るはずでしたが、３カ月間の更生施設入りに減刑されています。

フランクがどうしようもない男であることがよくわかるのが、カリフォルニア州サンディエゴで起きた交通事故です。

１９９９年８月14日、当時43歳のフランクは交際相手と新居探しをした後、夜の10時過ぎにスーパーで友人のジェイソン・タートンと合流、レンタルしていた高級車ジャガーを「試乗してみるか」と言いタートンに運転を任せます。その後、さらに２人の友人と合流して夜11時過ぎにドライブへ。

目撃者が「飛んでいるようだった」と証言したように、制限速度35マイル（時速55キロ）のところ、80マイル（時速１３０キロ）でかっ飛ばしていました。

その弾丸のような速度のまま、横断歩道を渡ろうとしていたマイケル・アルバーノに車は衝突。

事故現場にいた目撃者の証言では、助手席に乗っていたフランクが「逃げろ」と叫んだのを聞いたとのこと（タートンは逃げませんでした）。シングルファーザーだった37歳アルバーノは17歳と16歳の2人の娘を残し、この世を去ってしまいます。

残された娘たちはフランクを提訴、2002年9月3日に裁判所から27・5万ドルを2人の娘それぞれに支払うよう命令が出されます。

未払いの場合、10％の利息がかけられていたのですが、2020年2月6日の『デイリー・メール』の報道で、1円たりとも支払っておらず、100万ドルを超える支払い義務が発生していることが発覚。アルバーノの遺族は2008年にバイデンキャンペーンに助けを求めるも無視。

『デイリー・メール』の報道があった後、2020年10月までに一部の支払いをすることで合意したことが続報として報じられています。

フランクの代わりに運転していたタートンからは基準値を超えるアルコールが検出されていました。

飲酒運転でひとりの命を失われるところを目の当たりしておきながら、何度も飲酒運転や無免許運転を繰り返していたのです。

②アシュリー・バイデン

バイデンの娘アシュリーはハンターと並ぶインパクトのある人物です。

１９９９年、学生時代に麻薬の違法購入で逮捕、記録によると不起訴処分で済んでいます。

２００２年にはイリノイ州シカゴのバーで乱闘騒ぎを起こし、駆けつけた警察官に抵抗し罵声を浴びせたことで逮捕されましたが、不起訴処分。２００９年にはコカインを使いキマッている動画が流出し物議を醸しました。

アシュリーで最も有名な件は２０２０年10月24日に『National File』が公開した日記でしょう。

２０１９年に薬物依存復帰のためにフロリダ州の療養施設に滞在中、アシュリーは自分の過去を振り返る１１２ページの日記を書いていました。紆余曲折あり、この日記が『National File』に流出、公開されることになったのですが、その中にとんでもないことが書かれていました。

父ジョー・バイデンとシャワーを浴びていたことを「不適切なことだった」と振り返っているのです。どのような意図かは不明ですが、バイデンにより性被害に遭っていた疑惑が浮上したのでした。

アシュリーの日記をめぐってFBIが介入する騒ぎになっていて、裁判の中で日記はアシュリーのもので間違いないことが明かされています。

また、アシュリーは2015年、2021年に税の未払いによる資産差し押さえをされていたことが『マルコポーロ』の調査で明らかにされています。

2015年1月1日、つまりバイデンが副大統領のときに1691ドルの税未払いに追徴課税を上乗せした2736ドル、2021年1月1日に1956ドルの未払いに追徴課税を上乗せした2249ドル、さらに手続き費用で94・4ドルが計上され、合計で5079・4ドルの資産差し押さえを受けていたのでした。

バイデンは「金持ちから公平な納税をさせる」としてトランプ前大統領の減税を批判していますが、実の息子も娘も脱税している分際で何を言っているのでしょう。

③キャロライン・バイデン

バイデンから見て姪にあたる、バイデンの弟ジェームズの娘がキャロライン・バイデンです。

２０１３年9月17日、当時26歳のキャロラインは友人とアパートメントを借りていましたが、３５００ドルの家賃を滞納したことで口論に発展。

朝の9時に「肺の底からの叫び声」と形容される絶叫が近所に響き渡ります。キャロラインは駆けつけた女性警察官に殴りかかり、手に負えないため手錠をかけられ、公務執行妨害で逮捕。アンガーマネジメント講習を受けることを条件に不起訴処分となりました。

２０１７年5月5日、キャロラインは友人のクレジットカードを不正利用した罪で逮捕されます。薬局で６７２ドルの商品を購入するのに一度だけ友人からクレジットカードを借りたのですが、２０１５年4月~２０１６年6月までに11万ドル以上の散財をしていたのです。重犯罪で起訴されましたが、11万ドルの弁済を条件に「万引き」に格下げし、2年間の保護観察処分となりました。

２０１９年8月には、車で街路樹に突っ込み、免許証を不携帯だっただけでなく、後の検査で薬物の影響下にあったことが判明しました。２０２０年12月3日に20日間

〜最大6カ月の保護観察と12時間の社会奉仕活動と約2000ドルの罰金が科せられています。

「トランプがートランプがー」と言っている左翼民主党支持者さんたちに、これらバイデン家族の悪行をどれだけ知っているのかアンケートをしてみたいものです。

■40人以上いた内通者

バイデン家族の悪事を暴くのに尽力しているひとりが、連邦上院議員最高齢のチャック・グラスリーです。グラスリーは何度も司法省やFBIに、バイデン家族に関する情報を提供するように要請していますが、強制力のある召喚状を使ったときでない限り、グラスリーの要請は聞き入れられたことがありません。

2023年10月24日、グラスリーは司法長官とFBI長官に宛てたレターで「2022年7月25日から、内部告発者の告発内容に関する資料や文書の提出を求めているが、返事が一切ない」とし、「最初の具体的な例を示す」として、告発者の情報を明かしていくことを通達しました。

このレターで明かされたのが、ＦＢＩはバイデン家族に40人以上の内通者を配置していたことがあるという、衝撃的な情報でした。

内通者の対象はジョー・バイデン、息子ハンター、弟ジェームズの３人。グラスリーは「内通者は刑事犯罪情報の報告をしていたのか。報告があった場合、捜査をしたのか、それとも揉み消したのか」とし、関連書類の提出を求めました。

バイデン家族にここまでの数の内通者がいるということは、トランプ家族には数百人レベルでいるのではないでしょうか。

グラスリーが明かした情報で真実味を帯びる告発があります。

バイデンの本拠地デラウェア州でビールビジネスを営むクリストファー・ティガーニは、父ロバートがバイデンと同級生でフットボールを共にしていた旧知の仲、その縁でティガーニはバイデンの息子ボーとハンターとも知り合うことになりました。

ビールビジネスで財を成したティガーニですが、ストロードネーションの手法を使った違法政治献金をした罪などで有罪判決を受け、２０１２年3月に禁錮2年を言い渡されました。

２００８年大統領選挙に出馬していたバイデンを支援していたのですが、ティガーニはFBIの内通者としてバイデン選挙キャンペーンの経理責任者を含む6人に17回接触し、違法政治献金の可能性を示唆する発言を盗聴で録音するも、なぜか捜査は進展せず。

その代わりにティガーニが従業員に総額7・2万ドルの政治献金をさせ、後に弁済していた罪などで逮捕されてしまっていたのです。ティガーニはストロードネーションを違法と思っておらず、FBIのハンドラーにも正直に報告していました。

このことは2020年7月21日の『ポリティコ』の特集で初めて明かされ、2023年8月1日にFOXニュースのインタビューで「バイデンに辿り着いた途端に捜査が打ち切られた」と、バイデンを守るためのことだったのではないかと疑っています。ちなみにティガーニを起訴・裁判を担当したのはデーヴィッド・ワイス現特別検察官です。

バイデン家族は探れば探るほど問題が噴出する、まさに世界最悪の汚れた家族といえるでしょう。プライベートすらまともに管理できないような人物が、超大国アメリカの管理などできるはずがなく、今のアメリカの内部崩壊も納得のいくものです。

第5章

トランプ復活は可能なのか？

■司法を武器化した独裁政党民主党との戦い

ここまでバイデン家族の汚れた実態をまとめてきました。第1弾書籍と合わせても書ききれていないことがまだまだあります。バイデン家族の悪事は上下巻2部構成にしないと書ききれないほど山盛りなのですが、捜査機関の内部にいる工作員により守られ続けています。

一方で、武器化された司法を振りかざした徹底弾圧を受けているのがトランプ前大統領です。4件の刑事裁判、2件の民事裁判、無数の大統領選挙出馬資格剝奪裁判を抱えた状態で選挙戦を戦っています。普通の人間でしたら心が折れているはずですが、トランプ前大統領や支持者には逆効果。

2022年中間選挙の直後にはフロリダ州知事ロン・デサンティスに支持率で並ばれるかと思われましたが、起訴される度に支持率にブーストがかかっていきました。

あからさまな司法の武器化、内部崩壊しているアメリカの現実、戦争が起きている世界情勢を目の当たりにした良識あるアメリカ人が目を覚まし始めている証拠でしょう。注意が必要なのが、裁判の結果次第で一部の浮動票を失うことです。

ところで、「大統領選挙に出馬できるのか」という疑問を持つ方もいるでしょうし、大量に抱えているトランプ裁判がどうなりそうなのかが気になっている人も多いでしょう。最後にそれぞれのトランプ裁判の概要と問題点を指摘していきながら、本当にトランプ復活が可能かどうかを見ていきます。

■起訴1：ポルノ女優口止め料問題（2023年3月30日）

トランプ前大統領に対する最初の刑事起訴は、ニューヨーク州マンハッタン地区を管轄するアルヴィン・ブラッグが主導したものでした。ブラッグは第1弾書籍で紹介した、極左億万長者ジョージ・ソロスから多額の資金援助を受けている通称「ソロスチルドレン」のひとり。

2016年大統領選挙前に、元ポルノ女優ストーミー・ダニエルズはトランプ前大統領と性的関係を持ったことがあるという告発の口止め料として、13万ドルをトランプ前大統領の顧問弁護士だったマイケル・コーエンから受け取りました。その弁済費用を経費にしたことが34件の重犯罪「ビジネス記録の改竄」であるとして起訴されています。この件が最初のトランプ刑事事件裁判になる見込みで、２０２４年3月25日から始まる予定です。

口止め料を支払うことは何ら違法なことではありませんが、それをビジネスの経費扱いしたことが問題視されているのです。しかし、この起訴は長年トランプ逮捕を待ち望んでいた左翼メディアを失望させるものでした。

大きく分けて３つの欠陥があるのです。

１つ目の欠陥は、重犯罪に格上げする根拠が不明確であること。「ビジネス記録の改竄」は本来であれば軽犯罪で時効は2年、そもそも起訴することは不可能なのです。そのため、「他の犯罪を隠すための改竄」にすることで、重犯罪に格上げし、時効を5年に延ばしたのでした。しかし、起訴状にも陳述書にも記者会見でも、〝具体的に何の犯罪〟を隠すためだったのかに言及していないのです。

陳述書で口止め料の目的を「選挙を有利にするため」と指摘しているので、重犯罪に格上げするために連邦選挙法に違反しているということを意味していると思われるのですが、これが２つ目の欠陥。

アルヴィン・ブラッグはニューヨーク州マンハッタン地区を管轄する〝地方検察官〟です。ニューヨーク〝州法〟に違反する犯罪を取り締まるのが役割であり、連邦レベルの選挙である大統領選挙を定めた〝連邦法〟は連邦検察官の管轄であり、ブラッグが口出しすることではないのです。

ハーバード大学ロースクールのアラン・ダーショウィッツ名誉教授は「州法と連邦法を混ぜ合わせた法律を〝創り出し〟、逮捕をするなどハーバードでは教えない」と指摘します（ブラッグはハーバード大学卒）。

３つ目の欠陥が、連邦選挙法の犯罪取締りを管轄するニューヨーク州連邦検察官が２０１９年、連邦選挙委員会が２０２１年にそれぞれ「問題なし」とすでに判断していること。部外者が今ごろ何を掘り返してんだという話なのです。

このように、本来であれば起訴することができない犯罪で起訴し、裁判所に元大統領で最有力大統領候補を引きずりだすことになっているのです。

ひとつだけ懸念があるとすれば、民主党支持者で強烈な反トランプの巣窟ニューヨークのど真ん中に住む人々から陪審員が選ばれることでしょうか。

■起訴2：機密文書問題（2023年6月8日）

フロリダ州連邦地方裁判所で裁判が控えているのが、ジャック・スミス特別検察官による最初の起訴「機密文書問題」です。

37の重犯罪で起訴されていて、31件が「スパイ防止法」の違反、5件の「司法妨害」や「文書の違法保持」、1件の「虚偽の陳述」です。

大統領任期中の書類や資料などは、「大統領記録法」に基づき、原則国立公文書館に保管しなければなりません。しかし、国立公文書館との協議で保管場所を特定の場所にすることが可能で、オバマ元大統領は大量の資料を持ち出しましたが、イリノイ州に記念館を建設し、そこで保管することが決まっています。

スパイ防止法という名前ですが、国防情報の不正な所持に関してであり、何者かに情報を渡した、渡そうとしたということではありません。

このスパイ防止法に関しては、棄却される可能性が高いです。一般人と大統領では法的権限が違えば、適用される法律も違うからです。

大統領の公文書の取り扱いは大統領記録法で定められていますが、スパイ防止法のようなすべての人を対象にしている法律（一般法）と違い、大統領記録法のように、特定の人物等を対象にする法を特定法令と呼びます。

国防情報に関しては、スパイ防止法と大統領記録法が重複しています。このように重複する法がある場合、特定法令を優先するのです（１９７４年連邦最高裁判決）。ですから、スパイ防止法はトランプ前大統領に適用するべきでなく、スミス特別検察官もそのことを知っているようで、起訴状で大統領記録法には一切触れていません。

一方で、今後トランプ前大統領の周辺人物の対応次第でどうなるかわからないのが司法妨害です。

トランプ前大統領は大陪審の召喚状が要求した「すべての機密マークのついた書類」の返還に応じず、一部の機密文書を返還していないのですが、このような手続き犯罪は大統領記録法を武器にしても回避することが困難です。

顧問弁護士が召喚状の対象範囲を明確に伝えておらず、ある程度返還すればよいと考えていたと主張することが唯一の無罪を勝ち取る道でしょうか。

そもそもこれまで機密文書を管理していなかったにもかかわらず、いきなりトランプ前大統領を問題視するのは政治的意図を感じます。下院諜報委員会に国立公文書館の担当者は「レーガン政権以来、すべての政権で機密文書の不適切な取り扱いが起きている」と認めています。

バイデンは〝副大統領時代〟〝連邦上院議員時代〟の機密文書を違法に保持していましたが、これまで国立公文書館は何もしていませんでした。

ヒラリー・クリントンにいたっては最重要機密情報がプライベートサーバーで見つかり、証拠の携帯電話をトンカチで木端微塵《こっぱみじん》にしていますが、ＦＢＩから「極めて軽率だが、犯罪性はない」というわけのわからない言葉で守られています。

機密文書裁判の担当判事はトランプ前大統領が指名したアイリーン・キャノン連邦判事で、非常にバランスのとれた対応をしています。

裁判所がフロリダ州とトランプ前大統領の人気のある州でもありますから、陪審員を信じるしかないかもしれませんし、バイデンに対する特別検察官報告書を根拠に、政治的モチベーションによる起訴という主張が通ることを願いたいです。

執筆段階の3月初旬時点で、裁判は5月20日から始まることになっていますが、ニューヨーク州起訴の裁判と日程が被ることが予想され、裁判開始時期が大幅に遅れることが見込まれています。バイデン司法省としては、大統領選挙〝前〟に判決まで出なければ意味がありません。

7月8日に裁判開始を遅らせる提案をスミス特別検察官側がしたところ、キャノン判事は裁判準備の時間確保が難しいことなどを指摘し「現実的ではない」と否定的な立場を示しています。

大統領選挙後に裁判を先送りにすることができれば、トランプ政権発足と同時に特別検察官を解任し、裁判自体をなくすことができるでしょう。

■起訴3：2020年選挙と1月6日事件（2023年8月1日）

ジャック・スミスの2件目の起訴が、ワシントンD.C.連邦地方裁判所で争われる2020年選挙と1月6日事件に関してです。

裁判はスーパーチューズデー（予備選挙が集中する最重要日）の前日である2024年3月4日に予定され、あからさま過ぎる選挙介入の意図のある裁判日程でしたが、執筆段階で無期限延期されています。

これはトランプ前大統領が「大統領免責特権」を主張し、裁判の棄却請求を争っている影響です。

状況にもよりますが、大統領職としての行為を対象にした〝民事裁判〟から大統領は免責されます（1982年の連邦最高裁判決）。

1982年判決で「刑事責任に対する大統領免責特権は適用外」と注釈はあったものの、刑事裁判としての判例はまだありません。

ワシントンD.C.連邦地方裁判所のタンヤ・チュトカン判事は大統領免責特権を認めず、トランプ弁護団は控訴。控訴裁判所も大統領免責特権は認めず、執筆段階で連邦最高裁判所に上訴し、4月25日に裁判が行われることが決まっています。

控訴裁判所は異例な命令を出しています。裁判のざっくりとした流れは、①連邦地方裁判所で判決。不服な場合は控訴し、②連邦控訴裁判所で〝panel〟（3名の判事で構成）で判決を出しますが、不服な場合は、③45日以内に〝en banc〟（全員法廷／大法廷）による再審を申し立てでき、〝en banc〟が却下なり、判決に不服な場合、④90日以内に連邦最高裁判所に上告できるという流れです。

ところが、連邦控訴裁判所の命令は「2月12日までに連邦最高裁に上告しなければ、連邦地方裁判所は裁判の手続きを再開する」というものだったのです。

事実上③を省略し、④の期限を短縮されているようなもの。選挙前に裁判をやらせたいという意図は見え見えです。

連邦最高裁が迅速な対応をした場合、早ければ5月末に判決を出すこともあり得ますが、連邦最高裁は重要な判決は年度末（6月末）に出すことが慣例になっています。これからの大統領の職務遂行能力に多大な影響を与えることになる歴史的な判断であり、複数の意見文が出されることが予想されるため、6月末の判決になると思われます。

これはバイデン民主党にとって悪夢のシナリオです。なぜなら、裁判準備期間（3カ月）を考慮すると、大統領選挙前に判決を出すことが不可能になるからです。

つまり、連邦最高裁が大統領免責特権の審理をすることを決めた時点で、トランプ前大統領にとっての大きな勝利と言えるのです。

■起訴4：ジョージア州2020年選挙問題（2023年8月14日）

ジョージア州フルトン郡の地方検察官ファニ・ウィリスにより、トランプ前大統領と側近ら合わせて19人は、威力脅迫及び腐敗組織法（ＲＩＣＯ法）、偽造選挙人票の作成などで起訴されました。トランプ前大統領の容疑は13件です。

ジョージア州の起訴内容は第3弾書籍で「ゴミのような起訴」として解説しているので詳細は割愛しますが、「偽造選挙人票の作成」は、１９６０年に〝民主党〟の大人気大統領ジョン・Ｆ・ケネディが先にやったことですし、州の役人に選挙不正の捜査をするように働きかけるのは、２０００年に〝民主党〟のアル・ゴアが先にやったことです。

執筆段階で大問題になっているのが、ウィリス地方検察官の不倫問題。ウィリスは特別検事補を3人起用しているのですが、そのうちのひとりネイサン・ウェイドと不倫関係にあったことが発覚。ジョージア州弁護士倫理規定に違反することです。

『ワシントン・ポスト』でさえ、２０２４年1月14日に「刑事犯罪の経験がほとんどなく、コブ郡主任法務官として交通違反と軽犯罪の処理、独立後に家族法を専門に扱っていた」と、ウェイドの経験の乏しさを指摘。前大統領や最側近らを一斉検挙する歴史的で大掛かりな犯罪捜査の人選としてはありえないでしょう。

ウェイドは3年間で70万ドルに近い報酬を得ていて、その報酬を使い、ウィリスと国内や海外クルーズ旅行を楽しんでいます。左翼らしい汚れっぷりです。

2022年5月23日、11月18日にウェイドがホワイトハウスを訪れていたことも明らかにされています。11月18日はトランプ前大統領が出馬宣言をした3日後です。バイデン政権から2件のレターを受け取っていることも明かしていて、内容次第ではバイデン政権との共謀が疑われます。

ウィリスの不倫騒動は2024年1月8日、被告人のひとりマイケル・ローマンの申し立てで発覚。ウィリスは1月14日のイベントでこの件に触れ、「レイシストの標的にされている」と、ウィリスもウェイドも黒人であることを理由に不当な攻撃を受けていると主張。左翼らしい意味不明な言い訳ですが、実はこの発言がトランプ陣営にとって重要な発言になる可能性があります。

ウィリスのレイシスト発言はユーチューブで公開され、地元メディア、大手メディアも取り上げています。「先入観を持たせる非公式な発言の禁止」に違反する行為であり、場合によっては弁護士資格の剝奪もあり得る大問題発言だったのです。

ウィリスとウェイドの不倫関係を深刻な問題と裁判所は判断、2月15・16日に裁判が行われました。争点は2つで、不倫関係が始まった時期と金銭的利益関係があったかどうか。

不倫関係に関しては、ウィリスとウェイドが宣誓供述書で「2022年に関係が深まった（不倫）」と主張。ウェイドを特別検事補に起用したのが2021年11月なので、起用〝後〟に不倫関係になったと主張しているのです。

ところが、ウィリスに部屋を貸していた大学時代からの親友ロビン・ヤーティーが「2019年から関係が始まっていたことに、疑いの余地はない」と証言。トランプ弁護団はウェイドのスマホ情報を通信会社に提出させ、2021年1月1日～11月30日、つまり、ウェイドが特別検事補に起用される〝前〟と直後のデータを分析。

その結果、わずか11カ月の間にウィリスとウェイドは2073回の通話、9792通のテキストのやりとりをしていたことを確認しました。単純計算で電話は毎日6回、テキストは30通です。特に夜と金曜日～日曜日にかけて集中していたことも判明。

また、位置情報を分析したところ、ウィリスの住んでいた周辺にウェイドが35回滞在していたことも分かっています。ウィリスとウェイドの証言と食い違う証拠があり、トランプ前大統領を追及する以前に、ウィリスらが「偽証」で追及されるべきでしょう。

金銭的利益関係にあったかどうかは、旅行代金を出していたことで十分。担当判事のスコット・マカフィーは執筆段階でまだ判断をしていませんが、本書発刊時には何かしらの判断をしているはずです。ウィリスの元部下、夫婦でウィリスに政治献金歴があるなどの不安要素はありますが、勇気ある決断をすることを願っています。

■出馬資格剥奪裁判

選挙制度のある国の独裁者の特徴は、対抗馬をあの手この手で選挙に出られないようにします。アメリカ民主党はその一例です。

２０２３年12月19日、コロラド州最高裁判所はトランプ前大統領が大統領選挙に出馬する資格を剝奪する判決を出し大きな話題になりました。コロラド州最高裁判所裁判官は州知事の指名により選ばれるのですが、全員民主党州知事に選ばれたリベラル系判事です。

この判決はコロラド州を対象にしたもので、全米の選挙に出馬できないと判断したわけではありません。

12月28日には、メイン州州務長官が全米で2例目となる、出馬資格剝奪判断を下し、2024年2月28日にはイリノイ州の裁判所が同様の判決を出しています。

この前代未聞の判断は「憲法修正第14条第3節」を根拠にしています。この条文には、「反乱に関与したもの、援助や同調したもの」が、「大統領および副大統領の選挙人、国または州の公的、軍事的役職に就くこと」を禁止することが定められています。

民主党や反トランプ勢力は「1月6日事件は〝Insurrection〟（反乱）だった」と〝感想〟を述べていて、これがトランプ前大統領から大統領選挙出馬資格を剝奪する根拠になっていて、45州88件の裁判がありました。

しかし、トランプ前大統領はジャック・スミス特別検察官による起訴を受けていますが、「反乱法」で起訴されていません。なぜならば、反乱法で起訴することが可能な証拠がないから。なぜ証拠がないのかと言うと、「1月6日事件は反乱だった」というのは、事実に基づかない〝感想〟だからです。

憲法学者のジョナサン・ターリーは、「１月６日事件は〝抗議活動〟が〝暴動〟に発展したが、〝反乱〟ではなかった。ジャック・スミス特別検察官が立件できていないことが何よりの証拠だろう」と指摘。「ここ数十年で最も反民主的な意見だ」としてうえで、「多くの有権者は、〝民主党は選挙で勝てないから、Lawfare（司法の武器化）しか勝てる手段がない〟ということを確信することになるだろう」とも指摘しています。

２例目のメイン州の判断に関しては裁判ですらなく、シェンナ・ベローズ州務長官が決めたことです。ベローズは法律に関しては完全なド素人。裁判すらしていないことに、さすがに民主党や左翼メディアも批判の嵐でした。

メイン州から選出されている連邦下院議員２人は両方とも民主党。

チェリー・ピングリー連邦下院議員は「妥当な判断」とコメントしましたが、同じく民主党のジャレッド・ゴールデン連邦下院議員は「トランプが大統領に選ばれるべきではないことは変わらないが、投票用紙から除外されるべきではない」と州務長官の決定に反対を表明。

『ニューヨーク・タイムズ』は、「トランプを投票用紙から外すことは反民主的に見えるが、そのとおりだ」とし、『ニューヨーク・タイムズ』のコラムニストデーヴィッド・ブルックスは「コロラド州最高裁判所の判断はひどいものだったが、メイン州はそれを遥かに越える民主主義の脅威だ。何の関係もない民主党政治家が、共和党の最有力候補を有罪どころか、起訴すらされていない犯罪を根拠に出馬させないのはありえない」と痛烈に批判。

CNN上級法分析官のエリー・ホーニッヒは、「州務長官は8時間の公聴会で得た意見を採用した。ユーチューブの切り抜きや報道など、通常の裁判で通用するはずのないものが根拠にされている」と論外であるとバッサリ。

「本当にトランプを投票用紙から除外してしまえば、アメリカは完全に分断されるだろう」とオバマの元補佐官デーヴィッド・アクセルロードは警告し、「トランプ排除の実験は失敗し、起訴をする度に支持率があがっている」として、司法の武器化がトランプ前大統領の原動力になっていることを理解する必要があることを指摘しています。

マルコ・ルビオ連邦上院議員が「我々が制裁を科してきたことと、まったく同じことが起きている」と声明を出し、アメリカ政府が独裁国家化していることを非難しているように、トランプ前大統領に対する行き過ぎた司法を使った弾圧行為を「民主主義を守るために」という戯言では消化できなくなっている人々が増えています。

3月4日、連邦最高裁は9人の判事全員一致でコロラド州最高裁の判決を覆しました。保守派だけでなく、リベラル派判事も賛同したことは、トランプ前大統領にとってはこの上ない追い風になる判断です。

2016年選挙はロシア疑惑で潰すことができず、2020年選挙後は1月6日事件を口実にした徹底したトランプ叩きをするも倒れず、滅茶苦茶な起訴を連発すれば支持率ターボ現象。

今までなかったほどの支持率を維持していて勝ち目がないと見ると、選挙に出馬させられないように裁判を全米で起こすも、返り討ち。

もはやトランプを止める術《すべ》は、命を奪うことしかないのではないでしょうか。トランプサポーターに成りすました工作員による襲撃が起きないよう、シークレットサービスには細心の注意を払ってほしいものです。

■バイデンは本当に出馬するのか？

民主党の大統領候補はバイデンになるように進められています。正気の沙汰とは思えませんが。現在81歳で、大統領就任半年ほどで急速に老化が進んだように思えます。超大国アメリカを率いるにはヨボヨボすぎるバイデンですが、仮にバイデンが選挙戦から撤退した場合どうなるのかを簡単に整理しておきます。

大統領候補はそれぞれの政党内規則に従い選ばれます。予備選挙は各州に割り当てられた「代議員票」（共和党は2429票、民主党は3936票）を取り合い、過半数を獲得した時点で候補者に内定し、7月～8月に開かれる党大会で正式に指名されます。

民主党はディーン・フィリップス連邦下院議員とマリア・ウィリアムソンが出馬していますが、2月3日のサウスカロライナ州の予備選挙で惨敗し、代議員票は1票も獲得できていません。

おそらく善戦しても両手で数えられる程度の代議員票しか獲得できないと思われま

す。こうなると、途中でバイデンが何かしらの理由で再選出馬を断念した場合、残された2名の候補者は代議員票をほとんど獲得していませんので、繰り上げで大統領候補者にすることはできません。

民主党全国委員会が2022年9月10日に採択した内部規則によると、大統領候補者が辞退した場合、「民主党全国委員会委員長は民主党連邦議会リーダーと民主党州知事組合と協議し、民主党全国委員会に報告する」と定められています。つまり、民主党の上層部だけで好みの候補を予備選挙を省略して選ぶことができるのです。

現職の大統領であるバイデンに2期目を任せることが狂気の沙汰であることは、民主党員全員がわかっているでしょう。しかし、現職大統領を差し置いて立候補するというのは、党内を分断する懸念から避けるべきこと。そこで従来の「委員長は特別会議を召集する」から、わざわざ規則を変更し、バイデンが直前にリタイアすることを想定した手続きにしているのではないでしょうか。

2024年1月1日にJPモルガンが公開した報告書の「2024年のサプライズトップ10」の3番目で、「バイデンが選挙戦から撤退する」と予測していますが、本当にバイデンは選挙戦を続けるのでしょうか。

２０２４年大統領選挙は、現職大統領がヨボヨボのボロボロで何を言っているのかわからない、主要対立候補が武器化された司法と戦いながら選挙戦をしていて、さらに１９９２年選挙以来32年ぶりとなる、有力な第３勢力（ロバート・F・ケネディJr.）のいる三つ巴《どもえ》の構図という、アメリカ建国以来、最も異例な選挙になるでしょう。

■バイデンの弱み

バイデン民主党がアメリカを壊した代償は数字に表れています。

『Gallup』による世論調査の平均支持率は39・８％で、これはジミー・カーター元大統領が３年目に打ち立てた歴代最低記録に次ぐ低さです。

民主党岩盤支持層の黒人の中での支持が落ち込んでいて、２０２３年11月の『ニューヨーク・タイムズ』の世論調査によると、激戦州６州（アリゾナ・ジョージア・ミシガン・ペンシルベニア・ウィスコンシン・ネバダ州）で22％の黒人層がトランプ前大統領を支持する（＝投票する）と答えているのです。２０１６年６％、２０２０年８％と比較すると３倍近い伸びです。

黒人層は全人種で母子家庭率が最も高いことから、世帯収入は最も少ない。そのため、バイデン民主党による高インフレのダメージを最も受けている層。２０２３年後半からインフレ〝率〟が下がったことをバイデン政権は強調していますが、生活物価の上昇が緩やかになっただけであって、生活物価はバイデン政権発足時と比較して約18％上昇したままで、生活苦が支持率に直結しています。

くわえて、南部国境不法移民問題は民主党支持者の生活を直撃しています。詳細は第1弾書籍を参考にしていただきたいですが、バイデン政権が発足してから８００万人以上の不法入国逮捕があり、そのほとんどを追い返すことなくアメリカ国内に釈放しています。

２０２３年12月に公開された移民関税執行局のデータでは、２０２３年度に強制退去を執行したのが約14万人、２０２３年度の不法入国逮捕者数は全米で約３２０万人という前人未踏の３００万人超。さらに逮捕すらされずに素通りで不法入国を成功させている〝Gotaways〟が少なくとも86万人いますので、合わせて４００万人（バイデン政権3年間ではなく、1年間だけです）。

不法移民の多くが「聖域都市（サンクチュアリシティ）」を自称する都市を目指し

であります。ニューヨークシティやイリノイ州シカゴ、コロラド州デンバーなどが例で、衣食住の無料の提供や運転免許証の交付や無料の医療、現金支給を受けられるところまであります。

聖域都市はもれなく民主党が支配する都市で、自分たちでこのようなルールをつくっているのですが、不法移民が殺到しとんでもないことになっています。

結果として予算不足に陥り、市民サービスをカットすることでやりくりし、不法移民を収容できる場所がないので、学校や大ホールなど市民が使用する施設を不法移民の収容場所にしています。

これに怒っているのが、聖域都市を誇りにし、トランプ前大統領を「反移民のレイシスト」と馬鹿にしていた民主党支持者たち。

左翼の特徴が「他責思考」です。「自分は悪くない。悪いのは社会だ、肌の色だ」としていましたが、聖域都市に殺到する不法移民を見て、国境州と同じ〝痛み〟を知ったことで、不法移民問題を真剣に考えるようになり、2020年と2022年にバイデンや民主党に投票しておきながら、「バイデンのせいだ」と怒りをバイデンに向けているのです。

個人的には「ざまあみろ」としか思えませんが、バイデンを引きずり降ろす材料になるので、もっと怒ってほしいと思っています。

不法移民の中にはテロリスト監視対象者、ギャングやカルテルのような犯罪組織のメンバーもいて、聖域都市で組織的な窃盗犯罪や薬物犯罪が行われていることが指摘されていて、２０２０年のＢＬＭ暴動をきっかけにした警察予算削減で治安が悪化したことに拍車をかけています。

また、カマラ・ハリス副大統領の絶望的な人気のなさも大問題です。

２０２４年1月31日にジェームズ・オキーフが覆面取材をホワイトハウス高官に仕掛けた動画が公開され、サイバーセキュリティ対策担当のチャーリー・クレイガーが隠し撮りをされていることに気づかず、「ホワイトハウス内でカマラ・ハリスを副大統領候補から外すことが検討されていた」と暴露しているのです。

イスラエル・ハマス戦争もバイデン政権にとって悩みの種で、共和党はイスラエル支援で結束していますが、民主党は割れています。

ほとんどの民主党政治家はイスラエル支持を表明していますが、極左勢力がパレスチナ支持でバイデン政権に反発しているのです（イスラエルの行き過ぎた報復、これまでの入植行為を正当化するべきではないとして、イスラエルを支持しない人のことを極左と呼んでいるわけではありません）。

『エポックタイムズ』が２０２３年10月10日の記事で指摘していますが、共産主義者とイスラム過激派には共通点があります。共産主義者は無神論者のはずなのに、アッラーを信じるイスラム教徒の多いパレスチナを支持するのはおかしな話。

背景に２つの共通点があり、１つ目が暴力による社会変革を求める革命思想と、ジハード（聖戦）と称して自爆テロや暴力行為を行うイスラム過激派が合致していること。

２つ目に、歴史的に中国やソ連のような共産主義国家が中東のテロリストを西洋社会破壊のため支援してきた過去を指摘しています。

実際、ＢＬＭ暴動のときと同じで、かなりの額のカネが左翼団体からパレスチナ支持活動に流れていることが指摘されています。

２０２０年にＢＬＭ暴動で力を持っていた左翼勢力を煽りまくることでバイデン民主党陣営は選挙戦を戦っていましたが、イスラエル・パレスチナの問題が長引けば長引くほど、２０２４年は左翼票を失うことになるのです。

■バイデンの強み

バイデン民主党が武器にするのが「中絶問題」と「民主主義」です。

これだけアメリカが壊れ、世界秩序が崩壊し、第三次世界大戦前夜の状況の中、中絶問題を最優先課題にすることがまったく理解できませんが……。

〝慈善団体〟という名の民主党団体を動員する大規模な郵送投票で、政治に興味関心の薄い層から大量の投票用紙の回収を効率よく回収するための口実として、中絶問題は民主党にとっての票を稼ぐ最大の武器になっているのです。詳しくは第1弾書籍を参考にしていただきたいですが、今のアメリカの選挙は〝Vote〟から〝Ballot〟の時代に変わっています。「投票する有権者」を集めるために政策を訴える大規模ラリーをするのではなく、いかに効率よく「投票用紙」を集めることができるのかが重要になってきていて、組織力が重要なのです。

民主党政治資金団体『Future Forward』は、2・5億ドルを広告宣伝費に投入することを発表しています。政治団体が一度に投入する額としては史上最高額です。

この宣伝広告費は民主党の党大会で正式に大統領候補を指名する8月下旬〜大統領選挙日（11月5日）までの期間に使用され、すでに激戦州7州（アリゾナ・ジョージア・ミシガン・ペンシルベニア・ウィスコンシン・ネバダ・ノースカロライナ州）のプライムタイムの重要な広告枠を民主党が押さえているのです。おそらく、「トランプ再選は民主主義の終焉」という、冷静に考えれば意味不明なことを無限に宣伝するのではないでしょうか。

バイデン民主党は自分たちの功績で誇るものが一切ありませんので、「トランプは民主主義の脅威だ」として、トランプに投票することを防ぐことしかないのです。

第1章で紹介しましたが、バイデン民主党の最大の強みは、「組織力」。一般国民の生活など知ったことか、というような権力者たちが莫大なカネを投じることで支えられているのです。

エピローグ

「陰謀論」という言葉で隠されている真実

アメリカの再生が世界秩序の安定につながることは、この3年で多くの人が身をもって知ったことでしょう。

2015年6月16日にトランプ前大統領が出馬宣言をして以来、アメリカメディアは一貫したトランプ批判を続け、メディアを盲信する傾向にあるリベラル派の人々の、根拠のないトランプ憎悪に繋がりました。

『Pew Research Center』の2021年8月の報告によると、オバマ政権下の2016年時点のメディア信用度は平均で76％、民主党支持者83％、共和党支持者70％でした。

ところが、トランプ政権が終わった2021年は平均58％、民主党支持者78％、共和党支持者35％と、大きな差ができているのです。

共和党支持者のメディア信用度は2018年にかけて低下し、2020年以降の偏ったコロナ報道でさらに低下。一方、民主党支持者のメディア信用度に大きな変化は起きていません。

メディアは嘘をつかない。

メディアにバイアスはない。

メディアが報じないこと以外は信用できない。

かつて私自身が民主党支持者とまったく同じ思考回路をしていたので、よくわかります。

「トランプはレイシスト」
「トランプは自己中心的」
「トランプはロシアと結託している」

これらの意見をメディアが言えば、メディアを信じ切っている人々は信じるのです。

おそらく日本人の中にも同じ人は多いのではないでしょうか。

このような人たちに「では、具体的なトランプがレイシストという例は？」と問えば、黙り込んでしまうでしょう。

今の民主党は「トランプの再選は民主主義の終焉を意味している」と主張し、左翼活動家もまったく同じことを言っています。彼らの言う〝民主主義〟とは何でしょうか？

——戦争を引き起こすこと？

すでにバイデン政権発足後にロシア・ウクライナ、イスラエル・ハマス、今はイランとの間で起きています。

——言論の自由が失われること？

すでにバイデン政権と連邦政府機関、ビッグテックにより構成された検閲産業複合体により、保守派を狙い撃ちにした検閲がされています。

——信教の自由が失われること？

すでにバイデン政権発足後のＦＢＩが、カトリック教徒を標的にした弾圧行為をしています。

——司法を武器化し、政治的敵対者を国家権力を使って弾圧すること？

すでにバイデン司法省により、トランプ前大統領は大量の起訴を〝選挙直前に〟受け、１月６日事件に関わった人々は政治犯として捕らえられ、生活を滅茶苦茶にされています。

――女性の権利が失われること？

すでにバイデン政権の推し進めた過激LGBT政策で、女性が安心に過ごす権利、平等にスポーツをする権利が侵害されています。〝独裁国家〟と名指しされる中国、ロシア、北朝鮮、ベネズエラとなんら変わりがないのが、今のアメリカです。

リベラル派の中で目を覚ましたひとりが、チャマス・パリハピティヤ。スリランカ生まれで、6歳のころにカナダに亡命し、今はアメリカに住む、SPAC（特別買収目的会社）ブームの火付け役と呼ばれる民主党メガドナーです。

2023年10月13日の『All-In Podcast』で、「〝トランプ錯乱症候群〟は、トランプがこの国にもたらした以上のダメージがあったのではないか」と指摘。

「国境の壁の必要性を訴える〝メッセンジャー（＝トランプ前大統領）〟が嫌いだったから、我々はその言葉を無視した。ところが、トランプは正しかった」

「ゼロ金利時に長期債を発行すべきと訴えるメッセンジャーが嫌いだったから、その言葉を無視した」

「中東和平（※）のメッセンジャーが嫌いだったから、我々はその言葉を無視した」

※トランプ政権は「アブラハム合意」で中東和平を進めた。この収録日はハマスの奇襲テロ攻撃があった直後。

「いつ我々は、自分たちの足を撃つことを止めることができるのか」

億万長者になることができるような優秀な頭脳を持っている人でさえ、世界秩序が崩れるほどの混乱がなければ、自らの過ちに気づくことができないのです。

パリハピティヤの言う「トランプ錯乱症候群」から目を覚ますことができる人がどれだけいるかで、アメリカの未来は変わります。

アメリカ大統領選挙の結果はアメリカ国民が決めるものですが、その結果がもたらす影響は凄まじいもの。特にアメリカに付き従っている国は、政権が変わる度に振り回されることになるでしょう。アメリカが強固なときは問題ありませんが、弱体化したとき、共に沈みかねません。

2022年ロシアのウクライナ侵攻以降、独自の動きをし始めたのが、中東であり、グローバルサウスと呼ばれる新興国。2024年からBRICSが10カ国体制になり、さらなる拡大をする可能性があり、かつてのアメリカ一強の世界秩序に戻ることはもう難しいでしょう。

つまり、今まで以上に世界情勢を注視しなければならない時代が到来しているのです。本書を手にしている方はご存じのことではあると思いますが、日本のメディアは偏った情報ばかりを垂れ流していて役に立ちません。特にここ数年で、もはやプロパガンダ機関のようになっています。

国民一人ひとりが自力で「誤情報」「陰謀論」という言葉で隠されている真実を見極められなければ、知らず知らずのうちに混沌とした世界情勢の荒波に呑み込まれてしまう時代だということを肝に銘じなければなりません。

本書を通じて、自ら情報を得る姿勢が必須なこと、一次情報に触れることの大切さが伝われば幸いです。